KB266866

이 책을

사랑하는 나의 엄마,

이금자 님께 바칩니다.

발행일   2026년 4월 25일 초판 1쇄

지은이   허계영
그린이   허설영
표지디자인 박미혜
내지디자인 숨디자인
발행인   고영래
발행처   ㈜도서출판미래사

주소   서울시 마포구 토정로 195-1 정우빌딩 3층
전화   (02)773-5680
팩스   (02)773-5685
이메일   miraebooks@daum.net
등록   1995년 6월 17일(제2016-000084호)

ISBN   978-89-7087-172-1 03230

허계영 지음 / 허설영 그림

미래사CROSS

목 차

• 레오 김

휴머노이드 로봇 회사인 로보스토리RoboStory®의 CEO.
얼떨결에 뽑은 신입인턴 J를 경계하던 그의 태도가 점차 변하기
시작하는데….

• J

로보스토리의 인턴 사원. 모든 것에 능하지만 커피 타는 법은 아직
배우는 중. 톡톡 튀는 유머와 절대적인 평온함으로 모두를 당황케
하는 그의 정체는…?

• 모리화

거친 폭풍이 지나간 자리에 핀 들꽃 같은 여인.
레오가 유일하게 계산 없이 대하는 사람.
그녀는 어쩌다 미혼모가 되었을까?

• 모범

모리화의 여섯 살 난 귀염 뿜뿜 아들.

• 황관우

레오의 비서이자 창업공신.
레오의 눈빛만 보고도 레오의 마음을 알아차리는 센스남.
하지만 가끔은 그 충성도가 지나쳐 문제를 일으키기도 하는데…

• 박민재

로보스토리의 실력파 엔지니어.
하지만 그의 배신에는 우리가 모르는 또 다른 이야기가 있다.

• 강 주임

자기 자리를 걸고, 몇 달간 홀로 진실을 추적한 보안팀 대표 의리남.
차가운 보안 시스템 뒤에 뜨거운 심장을 가진 인물.

그밖의 인물들

노숙인

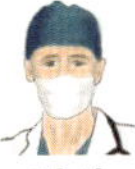

의사

어린 레오

이서연

보안팀장

해커 가브리엘

코드 LUK 1504

'딩동!' 침실의 적막을 깨는 알림음이 귓전을 때리며 나를 깨웠다. 무거운 눈꺼풀을 억지로 들어 올려 휴대폰을 들여다봤다. 화면에는 낯선 번호가 떠 있었다. "777-7777"

'뭐야, 새벽부터 스팸 문자야? 777이라니… 카지노 광고도 아니고. 뭐가 이렇게 노골적이야?'

귀찮음 반, 호기심 반으로 메시지를 열었다. "LUK 1504"

'뭐지? 자동차 번호인가? 은행 코드? 비트코인 지갑 해킹이라도 당한 건가…?'

머릿속에 온갖 가설이 떠올랐지만, 결국 '에이, 모르겠다'며 다시 눈을 감았다.

'딩동!' 또 다른 문자. 이번엔 무시하려 했지만, 어느새 잠이 달아나 있었다. "ISA 4915"

또…? 몸을 일으켜 거실로 나가며 습관처럼 TV 뉴스 채널을 켰다. 앵커는 당장 세상이 무너지기라도 하는 양, 오늘도 사소한 소식들을 과장된 목소리로 말하고 있었다. 하지만 정작 무너진 건 내 수면 리듬뿐이었다.

욕실로 갔다. 거울 속엔 여전히 피곤에 절은 내 얼굴이 비쳤다. 다시 거실로 나왔을 땐, 황 비서의 메일이 와 있었다.

"대표님, 'AI 기반 실시간 조명 최적화 프로젝트' 수정안 보내드립니다. 그런데 전략기획팀에서 이 프로젝트명을 'GEN 0103'으로 정했다고 하네요. 창세기 1장 3절에서 따온 거라고 합니다.

아무래도 조명 관련 프로젝트이다 보니… 신이 빛을 창조한 얘기를 인용했다나요…?"

'GEN 0103이… 창세기 1장 3절…?'

'빛이 있으라'라는 문장이 묘하게도, 침실의 어둠과 겹쳐졌다.

순간, 아까 받은 문자들이 떠올랐다. '혹시 이것들도 성경 구절이 아닐까?'

검색창을 열어 LUK 1504를 입력했다. 누가복음 15장 4절—링크가 떴고, 나도 모르게 눌렀다.

"너희 중에 어떤 사람이 양 백 마리를 가지고 있는데,
그 중 하나를 잃으면 아흔아홉 마리를 들에 두고,
그 잃은 양을 찾을 때까지 찾아다니지 않겠느냐?"

이어서 ISA 4915—이사야 49장 15절도 검색했다.

"여인이 어찌 그녀의 젖 먹이는 자식을 잊겠으며,
자기 태에서 낳은 아들을 불쌍히 여기지 않겠느냐?
그녀는 혹시 잊을지라도, 나는 너를 잊지 아니할 것이라."

나는 휴대폰을 든 채 한참을 멍하니 서 있었다.

그때였다. TV에서 '지지지직…' 화면이 일그러지더니, 잠깐 정적이 흘렀다. 그리고 자막이 스쳤다. "나는 널 결코 잊은 적이 없단다."

아주 잠깐이었다. 마치 내가 본 게 맞는지조차 확신할 수 없을 만큼.

어느새 TV 화면에는 이전처럼 뉴스가 흘러나오고 있었다.

나는 천천히 리모컨을 내려놓고, 다시 휴대폰 화면을 바라봤다.

익명의 발신자, 777-7777.

뭔가… 이상했다. 스팸 치고는, 너무 개인적이었다.

면접

나는 휴머노이드 로봇 기업 '로보스토리(RoboStory®)'의 창립자이자 CEO, 김레오다.

오늘 우리 회사는 어쩌면 이 회사의 미래를 바꿀지도 모르는 단 한 명의 인턴을 선발한다. 올해도 경쟁률은 어마어마했다. 1,000명이 넘는 지원자 중 서류전형을 통과한 100명. 그중 최종 면접에 올라온 5명은 그야말로 엘리트 중의 엘리트들이었다. 국내외 명문대 석·박사는 물론, 다국적 기업 인턴 경험에, 3개 국어는 기본사양이었다.

내가 던지는 그 어떤 까다로운 질문에도 완벽한 답변을 내놓는 그들을 보며 고개가 절로 끄덕여졌다. '정말 훌륭한 인재들이야.'

그렇게 네 명의 면접이 끝난 후… 마지막 지원자의 서류를 넘겨보다가 순간, 멈칫했다. '이건… 뭐지?'

옆에 있던 황 비서도 뭔가 잘못된 걸 눈치채고 다급히 말했다. "대표님, Chosen® 7.0에 뭔가 문제가 생긴 것 같습니다. 마지막 지원자는 굳이 면접을 진행하지 않으셔도 될 것 같은데요?"

"…AI가 실수를 했다고?" 나는 믿을 수 없다는 듯 황 비서를 바라봤다.

우리 회사의 AI 시스템은 절대 실수를 하지 않는다. 세계적으로 수많은 기업이 도입한, 인재 선발의 기준이 된 AI… 그런 Chosen 7.0이 이런 사람을 뽑았다고?

"황 비서, 지금 당장 Chosen 7.0의 로그 데이터 확인해 봐."

황 비서는 재빨리 태블릿을 꺼내 검토하더니, 곧 황당한 듯 얼굴을 찡그렸다. "대표님, 프로그램을 몇 번을 돌려 봐도 결과는 같습니다. 더 놀라운 건, 5명의 최종 후보 가운데, J가 최고의 인턴 후보로 선정됐다는 것입니다."

"…말도 안 돼."

나는 황 비서의 손에서 태블릿을 빼앗듯 낚아챘다. 확인 결과, '적합도 평가'에서 J가 압도적 1위를 차지한 것이 분명했다.

"그럴 리가 없어. 이 사람이 로봇공학의 정점인 우리 회사에 가장 적합한 후보라고?" 나는 황 비서를 바라봤다. "황 비서, Chosen 7.0이 오류를 일으킨 거라면… 지금까지 우리 회사의 이 시스템을 신뢰해 온 모든 기업들에도 치명적인 문제가 발생하는 거야."

황 비서도 긴장된 표정을 감추지 못했다.

나는 깊이 고민했다. '프로그램의 오류가 난 걸까…? 아니면, 우리가 놓치고 있는 다른 무언가가 있는 걸까?'

그때, 황 비서가 조심스럽게 말했다. "대표님… 혹시 이게 오류가 아니라면요?"

"뭐?"

"Chosen 7.0은 기존 채용방식에서 벗어나, 지원자의 '보이지 않는 잠재력'까지 분석하는 알고리즘을 사용합니다. 우리가 보기엔 납득하기 힘든 결과라도, 어쩌면 이 AI가… 우리가 모르는 뭔가를 알고 있을지도 모르는 거죠."

나는 한참 동안 그를 응시하다 결단을 내렸다. "…그래. 그럼 직접 확인해 보자."

나는 마지막 지원자 J를 안으로 들이라고 지시했다.

그런데…!? 그는 외모부터 '남달랐다'.

앞선 네 명의 말끔한 차림새와는 달리, 허름한 티셔츠(그것도 어디에서 공짜로 나눠 준 단체티인 듯, 가슴엔 'God loves you!-2014년 전교인 수련회'라고 대문짝만하게 써 있는, 10년도 더 되어 몹시 낡은!)와 청바지 차림에 운동화를 신고 있는 게 아닌가? 게다가 어디 공방에서 일하다 온 듯, 소매 끝에 톱밥까지 묻어 있었으니… 내가 기가 막힐 수밖에!

그런데 이상하게도 내 마음에 묘한 호기심이 발동됐다. 대체 Chosen 7.0이 왜 이 사람을 선택했는지 직접 검증해 보고 싶었다.

나는 그에게 의례적인 질문으로 포문을 열었다. "우리 회사에 지원한 동기가 뭐죠?"

"대표님께 제가 꼭 필요하다고 생각했기 때문입니다."

진부한 대답이었다. 면접생들은 누구나 이런 대답을 한다(단, J와 달리 공손한 말투로!). 자기를 뽑지 않으면, 마치 우리 회사가 당장 망하기라도 할 것처럼 자신들의 능력을 어필하려는 뻔한 시도다.

J의 식상한 대답을 내가 받아 쳤다. "나한테 J 씨가 왜 필요하다는 거죠?"

"사람들이 얘기하죠. 레오 대표님은 어느 것 하나 부족함 없이 다 가지신 분이라고요. 하지만 제가 보기엔 레오 대표님께서… 가장 중요한 걸 놓치시고 있는 것 같습니다. 그걸 일깨워 드리고 싶어 인턴으로 지원했습니다."

어이가 없었다. '이 방자한 태도는 뭐지? 지금 납작 엎드려 'IT 업계의 레전드이신 레오 대표님께 배울 게 많을 것 같아 지원했다'고 겸손히 말해도 뽑아 줄까 말까인데, 오히려 날 가르치려 들다니…?' J의 오만불손함에 난 아연실색했다. 아니, 그보다는 너무 오랜만에 받아보는 이런 대접이 너무 당황스러웠다.

사람들은 누구나 나를 '성공한 젊은 기업가의 아이콘'이라 부르며 칭송했다. 내가 사는 세상은 늘 그래왔다. 그런데 뜻밖에도… 너무나 오랜만에 받아보는 이러한 홀대(?)가 되려 신선하게 느껴지는 건 왜일까?

　나의 시선은 다시 J의 지원서로 향했다. 그리고 아까보다 좀더 자세히 살펴봤다.

- 출생지: 이스라엘 (음, 부모님이 이민 갔나? 뭐 그딴 건 내 알 바 아니고….)
- 나　이: 만 37세 (나이가 나보다 두 살이나 많군. 서른일곱에 인턴? 이 조합은 '인생 낙오자'의 다른 이름 아닌가?)
- 학　력: 없음
- 경　력: 목수, 의료봉사, 독서토론 인도, 대중연설 (뭐지? 이 일관성 없는 경력은?)

　다시 질문을 시작했다. "대중 연설을 한다고요? 주제는 뭐죠?"

　"어떻게 하면 진정한 행복을 누릴 수 있는가, 뭐 그런 얘기들을 합니다."

　나는 태블릿을 내려놓으며 말했다. "그거… 팔리는 주제인가요?"

　J가 잠깐 생각하더니 말했다. "청중이 많지는 않습니다. 대신 한 번 들으면 인생이 바뀌는 경우가 꽤 있더라고요."

　"몇 명이나요?"

　"지금까지… 수십억 명 정도."

　나는 헛웃음을 쳤다. 과대망상이 심하군….

　"형제는 어떻게 되죠?"

　"제가 맏이고, 남동생 넷, 여동생 둘이 있습니다."

　"음, 5남 2녀라! 요즘 흔치 않은 대가족이네요."

　"네, 그런데 동생들이랑 어머니는 같지만, 아버지는 다릅니다."

　복잡한 가정사, 역기능 가정. 역시나 허접한 인간에 불과하군…. 한숨이 절로 나왔다.

　태블릿을 탁 내려놓았다. 이제 결론은 확고해졌다. 이건 시스템 오류다. 당장 기술팀 회의를 소집해야겠다고 생각하며 마지막 형식적인 질문을 던졌다.

　"외국어는 할 줄 아는 거 없어요?"

"히브리어, 헬라어, 고대 아람어… 그 외에도 모든 나라 언어를 다 구사할 수 있습니다."

기가 찼다. 순진한 얼굴을 해가지고는 이렇게 심한 뻥을 치다니….

그를 골탕 먹일 요량으로 세상에서 가장 어렵다는 러시아어를 시켜보기로 했다. "그럼 러시아어 한마디 해보세요."

"Я никогда тебя не забывал." J는 조금도 망설임 없이 유창하게 말했다.

아차, 내가 러시아어를 못하지…. 나는 태블릿 번역기를 켜고 다시 말해보라고 했다.

그가 이번엔 더 크고 선명한 목소리로 반복했다.

"이게 무슨 뜻이죠?"

"이 말은… '나는 너를 결코 잊은 적이 없단다'라는 뜻입니다."

순간 심장이 멎는 것 같았다. 오늘 아침 TV에서 본 그 자막이 아니던가! 태블릿 화면에도 똑같은 번역문구가 떠 있었다.

당황한 나는 서둘러 면접을 끝냈다. "수고했어요. 결과는 며칠 내로 통보하죠."

그는 자리에서 일어서며 공손히 인사하더니, 약 3초간 내 눈을 응시했다. 피하지도, 흔들리지도 않는 견고한 눈빛. 그 눈빛에는 변명도 없고, 경쟁심도 없었다. 이상하게도… 심문을 당하는 쪽은 나인 것 같았다.

그리고 순간, 마음속 깊은 곳에서 뭔가… 응어리졌던 게 울컥하고 올라오는 듯한 느낌. 나도 모르게 눈시울이 붉어졌다. 나는 재빨리 눈물을 훔쳤다. 그런 나를 바라보며 그가 살짝 미소 짓더니, 정중히 인사하고 나갔다.

결정의 시간이 왔다. 나는 1번부터 4번까지 인턴 후보들의 서류를 다시한번 검토하며 저울질을 시작했다. 네 명 다 뭐 하나 부족함 없는 완벽한 인재들이었기에 몹시 고민이 되었다.

그런데 이상한 일이었다. 내 눈은 네 장의 지원서를 이리저리 살피고 있었지만, 내 머리에서는, 아니 더 정확히 말하자면 내 마음에서는 그 마지막 지원자, J의 모습이 떠나질 않았다. '내가 왜 이러지? 학벌도, 스펙도, 외모도 형편없는 J를? 말도 안 돼!'

고개를 저으며 다시 네 명의 지원서에 집중하려 했다. 그때 불현듯 새로운 발상이 떠올랐다.

"학벌의 문턱을 허무는 혁신적 CEO" 신문 헤드라인이 머릿속을 흘러갔다.

나는 속으로 피식 웃었다. 그래, 명분은 그럴듯하다.

그러나 사실 이것은 내 머리가 애써 찾은 핑계에 불과했다. 자꾸만 J를 향하고 있는 내 마음을 합리화하기 위한 핑계 말이다.

나는 곧 황 비서를 불러 말했다. "결정했어. 올해의 인턴은 J야! 인사팀에 통보해."

J의 첫 출근

J의 출근 첫날, 직원들이 하나둘씩 J를 쳐다보며 수군거렸다. "저 사람이… 그 문제의 인턴인가?", "아니, 진짜 왜 뽑힌 거야?", "AI도 가끔 오류가 나나 봐."

그때 HR팀 직원이 와서 말했다. "J 씨, 자리 안내해 드릴게요."

하지만 J는 자리에 앉는 대신, 회사 곳곳을 둘러보기 시작했다. 그는 벽에 걸린 사진들을 물끄러미 바라보았다. 흑백톤으로 바랜 사진 속 옥탑방 사무실, 낡은 책상, 그리고 지금보다 젊은 모습이었던 창립 멤버들의 얼굴들…

J는 사진을 바라보며 가볍게 중얼거렸다. "지금은 많이 정돈됐네요. 초창기 미아동 시절보다는…"

그 순간, 황 비서가 흠칫하며 J에게 물었다. "아니, J 씨가 그걸 어떻게 알아요? 사진엔 미아동이란 설명이 없는데…?"

하지만 J는 아무 말없이 신비로운 미소를 지을 뿐이었다.

이런 J의 모습을 본 직원들이 수군거렸다. "저 사람 뭐야? 왜 자리에도 안 앉고 저러고 다녀?”

그때, J가 개발팀의 한 직원 자리 앞에 멈춰 섰다. 그 직원은 깊이 고민하는 표정으로 모니터를 바라보고 있었다.

J가 부드럽게 물었다. “어려운 문제가 있나요?”

개발자가 당황하며 말했다. “아, 네⋯. AI 학습데이터 오류를 수정 중인데, 도무지 원인을 못 찾겠네요.”

J는 그를 가만히 들여다보더니 부드럽게 한 마디 건넸다. “틀린 곳이 아니라, 빠진 곳을 찾아보세요.”

“⋯네?”

“완벽해 보이는 구조일수록, 빠진 것이 숨어 있기 마련이죠.”

개발자는 어리둥절한 표정으로 다시 코드를 살폈다. 그리고⋯ 몇 분 후, 갑자기 자리에서 벌떡 일어났다. “찾았다!”

다른 직원들이 놀라 쳐다봤다.

“진짜로⋯ 빠진 코드 때문이었어요!”

J는 다정히 미소 지었다. 그 눈빛은 마치 저 멀리에서, 무언가를 이미 보고 온 사람 같았다.

“중요한 건 보이지 않는 것을 보는 눈이죠. 그건 준비된 자에게만 허락되는 특권이기도 하고요.”

직원들은 어리둥절한 표정으로 J를 바라봤다.

하지만 J는 아랑곳하지 않고 옆자리 책상다리를 살짝 흔들어 보기 시작했다. “이 책상은 마음이 좀 뒤틀려 있군요. 결을 좀 잡아줘야겠습니다.”

그리고는 한참 가방을 뒤적이더니, 마치 보물이라도 찾은 듯 환하게 웃으며 뭔가를 꺼내 들었다. 그건 바로⋯ 망치였다!

“제가 이래 봬도 목수 경력 30년입니다.” 그는 자신만만하게 망치를 들어 올렸다.

쾅!⋯ 하지만 못은 빗나가 책상 모서리를 때렸다.

쾅! 쾅!⋯ 그의 호언장담이 무색하게 두 번째, 세 번째 못도 멋대로 구부러졌다.

J의 눈에 스치는 당혹감은 연기가 아니었다.

그리고 네 번째 시도. 쾅!

"아얏!" J가 손가락을 움켜쥐었다.

지켜보던 직원들이 다급히 물었다. "J 씨, 괜찮으세요?"

"네, 괜찮습니다. 그냥 조금..." 하지만 J의 표정은 전혀 괜찮지 않았다.

손가락에서 피가 배어 나왔다. 그는 주머니를 뒤져 '뽀로로' 밴드를 꺼냈다. 하지만 밴드를 붙이는 솜씨마저 형편없어 뽀로로의 얼굴이 그의 손가락 위에서 찌그러지고 말았다.

한 직원이 어이없다는 듯 물었다. "J 씨, 목수 경력이 30년이라고 하지 않았나요?"

J는 멋쩍게 머리를 긁적이며 말했다. "그게... 2천년 전 제가 쓰던 망치랑 달라서… 요즘 망치는… 손맛이 좀 다르네요." J가 말을 흐렸다.

옆 자리 직원이 고개를 갸웃했다. "2천년 전 망치요?"

"그, 그러니까... 제 말은... 옛날 방식 망치라는..." J는 얼버무렸다. 그리고 상처 난 손가락이 무지 아프다는 듯 엄살을 부리며 입에 대고 호~ 불었다.

그 모습이 너무 우스꽝스러워, 난 웃음을 터뜨리고 말았다.

◆

점심시간. 바이어와의 약속 장소에 가기 위해 로비로 내려오자, J가 로비 한구석에서 커피를 마시고 있었다. 그의 평온한 표정 이면에, 세상 모든 것을 꿰뚫어 보는 듯한 예리한 눈빛이 느껴져, 나도 모르게 발걸음이 주춤했다.

나와 눈이 마주친 그는, 내게 다가와 정중히 고개를 숙였다.

나는 의례적인 질문을 던졌다. "그래, 첫 출근 기분이 어때요?"

"새로운 곳에 오는 건 언제나 즐겁죠."

그의 말에 나는 무심히 고개를 끄덕인 후, 곧 지나치려 했다.

그런데 J가 다시 말을 걸어왔다. "대표님, 세상을 살아가는 데, 결코 가볍게 넘길 수 없는 중요한 두 가지가 있죠."

나는 한숨을 내쉬며 그의 얼굴을 바라봤다. "…그게 뭔데요?"

J는 태연한 표정으로 손가락 하나를 들어 보이며 말했다. "하나는 회사 경영이죠."

나는 팔짱을 끼고 흥미롭다는 듯 그를 바라봤다. "다른 하나는요?"

J가 장난스럽게 미소를 지으며 말했다. "점심메뉴 선택요. 이게 은근 중요합니다. 잘못 고르면 하루 종일 후회하거든요."

나는 피식 웃음을 터뜨렸다.

하지만 J는 사뭇 진지한 표정으로 말을 이었다. "사람도 비슷하죠. 안에 무엇을 담는지가 결국 그 사람을 만들지 않습니까?"

나는 의심스러운 표정으로 그를 바라봤다. "J 씨를 내가 인턴으로 뽑긴 했지만, 솔직히 말해… 과연 옳은 결정을 한 건진 잘 모르겠어요."

J는 확신에 찬 목소리로 말했다. "곧 알게 되실 겁니다." 그리고 여유롭게 미소 지으며 자리를 떠났다.

그가 떠난 뒤에도, 이상하게 마음이 가라앉지 않았다. 회의실에서는 누구도 나를 불편하게 만들지 못한다. 그런데 이 인턴은… 내게 질문 하나 하지 않고도, 이상하게… 마치 내가 시험대에 오른 듯한 기분이 들게 한다.

배신

J가 인턴으로 출근한 지 몇 주가 지났다.

그런 어느 날 오후, 황 비서가 내 사무실 문이 부서질 듯 열고 들어오며 다급히 외쳤다. "대표님, 큰일 났습니다! 방금 보안팀에서 연락이 왔는데, J가 연구소 지하 메인서버실에 잠입했다고 합니다."

"뭐라고?"

"거기는 1급 보안구역이라 등록된 엔지니어가 아니면, 개미 한 마리 못 들어가는 곳인데, 출입증도 없이 대체 어떻게 들어간 건지 모르겠습니다."

"그 자식… 설마 경쟁사에서 보낸 스파이 아냐?" 나는 미간을 잔뜩 찌푸리며 말했다.

황 비서는 긴장된 표정으로 내 앞에 노트북을 펼쳤다. "CCTV 영상입니다. 직접 보시죠."

화면 속 영상이 재생되었다.

낮은 조명 아래 서버 랙들이 빽빽이 늘어선 서버실 통로. 그 한가운데

J가 서 있었다. 그런데 그의 태도는 이상하리 만치 침착했다. 뭘 찾으려 두리번거리거나 당황하는 기색 하나 없이, 마치 원래 그 자리에 있었던 사람처럼…

잠시 후, 복도 끝에서 박민재 엔지니어가 나타났다. J를 발견한 박 엔지니어는 깜짝 놀라 당장 나가라고 소리치는 듯했다. 하지만 J는 물러서지 않았다. 도망가기는커녕 박 엔지니어를 정면으로 응시하며 뭔가 짧은 한마디를 건네는 것 같았다. 순간 박민재가 움찔하며 당황하는 듯하더니, 이내 더 흥분하며 문 쪽을 가리켰다. 그러자 J가 잠자코 서버실을 빠져나갔다.

나는 한동안 아무 말도 하지 못했다. 겨우 숨을 고른 뒤 황 비서를 바라봤다. "지금부터 J의 일거수일투족을 관찰해. CCTV, 출입기록, 접속로그… 단 하나도 놓치지 마. 모든 동선을 다 추적하라고!"

◆

며칠 뒤, 복도 끝에서 J와 박민재가 마주 서 있는 게 보였다. 낮은 목소리로 대화하고 있어 내용은 들리지 않았지만, 분위기가 예사롭지 않다는 것만큼은 여실히 느낄 수 있었다. 이상하게도 박민재의 얼굴이 점점 굳어갔다. 하지만 J는 차분했다. 오히려 상대를 걱정하는 듯한 눈빛으로 박민재를 바라보고 있었다.

박민재의 고함소리가 내게까지 들렸다. "당신, 더 이상 엮일 생각 마! 그러다… 크게 다쳐!" 그리고 거칠게 돌아서 복도를 빠져나갔다.

J는 그 자리에 잠시 서서 박민재의 뒷모습을 바라보다가 시선을 돌렸다. 그 순간 나와 눈이 마주쳤다. 하지만 J는 아무 말없이 가볍게 고개를 숙이고 사라졌다.

그날 이후, 당장이라도 큰일이 터질 것만 같은 불길한 예감이 머릿속을 떠나지 않았다.

얼마 후, 우려는 현실이 되었다. 회사의 차세대 프로젝트인 '감성인식 알고리즘 소스코드'가 경쟁사인 '넥스트테크'로 유출된 정황이 포착된 것이다.

전사적인 조사가 시작되었다. 보안팀이 밤새 서버 접근기록을 뒤지고, 외부전송 로그를 분석했다.

그러던 어느 날 오전, 박민재 엔지니어가 살며시 내 사무실 문을 두드렸다. "대표님, 드릴 말씀이 있습니다."

그는 자리에 앉더니 두툼한 파일을 내밀었다. "J입니다. 서버실에서 제 ID 카드를 훔쳐 서버에 무단 접속한 기록이 있습니다. 그래서 제가 따졌더니… 오히려 저를 협박하더군요. 여기, J의 사물함에서 나온 보안용 USB와 접속기록 리포트도 있습니다."

파일을 펼쳤다. 서버 접근기록, 외부전송 로그, 경쟁사와 주고받은 것으로 보이는 메시지 캡처까지… 파일은 지나치게 정교했다. 오히려 그것이 불안했다.

'…정말 J가 한 짓일까?' 믿기지가 않았다.

하지만 돌이켜보니… 서버실 잠입도, 며칠 전 복도에서의 다툼도… 전부 다르게 읽혔다. 나는 배신감에 온몸을 떨며 J를 대표실로 불러들였다.

그가 문을 열고 들어서는 순간, 이상하게도 가슴 한구석이 먹먹해졌다. 생각해보면 J가 이 회사에 온 뒤로 많은 것이 달라졌다. 내가 미처 보지 못한 본질을 짚어주고, 막힌 길 앞에서 나직이 물음을 던져주던 그를, 나는 어느새 공기처럼 의지하고 있었던 것이다.

신뢰의 뿌리가 깊었던 만큼, 등 뒤에 꽂힌 칼날의 통증이 더욱 아프게 느껴졌다.

"J 씨, 도대체 왜 그런 겁니까?" 나는 깊은 실망감을 드러내며 날카롭게 물었다.

J가 잠시 눈을 감았다 떴다. 그의 눈에는 변명도, 억울함도 없었다. 그저… 슬픈 눈으로 날 바라볼 뿐이었다.

그 눈빛이 마음에 걸렸지만, 나는 애써 시선을 거두며 차갑게 뱉었다.

"오늘부로 해고입니다. 물론 법적소송도 진행할 거고요."

그 말은 그에게 하는 말이 아니라, 흔들리는 나 자신에게 '내가 할 일'을 다짐시키는 말 같았다.

J는 잠깐 날 응시하더니, 고개를 숙여 인사하고 나갔다.

그의 등뒤로 닫힌 문을 한동안 바라보았다. 그의 빈자리가 생각보다 훨씬 크게 느껴졌다. 배신당한 것도 아픈데, 그 빈자리가 아프다는 사실이 나를 더욱 괴롭혔다.

대표실 창밖으로 J가 소지품 박스를 들고 천천히 걸어나가는 게 보였다. 그의 박스 위에… 구겨진 뽀로로 밴드상자가 눈에 띄었다.

누구도 붙잡지 않았다. 경비 게이트가 열리고, 다시 닫혔다. 그 소리가 유난히 크게 들렸다.

은밀한 탐험가

그로부터 한 달이 흘렀다. J의 범행으로 인해 회사는 아직도 깊은 늪을 헤매고 있었다.

그런데도 나는… 텅 빈 인턴 사무실을 지나칠 때마다, 늘 온화하면서도 확신에 찬 미소로 날 반기던 J의 빈자리가 거대한 구멍처럼 느껴졌다.

그러던 어느 날 오후… 마케팅팀의 이서연 대리가 내 사무실 문을 두드렸다. 그녀는 우리 회사에서 존재감이 거의 없는, 투명인간 같은 존재였다. 늘 회의실 구석, 그림자가 진 곳에 앉아 펜 끝만 만지작거리던 그녀가 오늘은 웬일인지, 정면으로 내 눈을 응시하며 들어왔다.

"대표님, 무례를 무릅쓰고 찾아왔습니다. 하지만 이 말씀은 꼭… 드려야 할 것 같아서요." 그녀의 목소리는 미세하게 떨렸지만, 눈빛만큼은 단단했다.

나는 서류를 내려놓고 의자 깊숙이 몸을 기댔다.

그녀는 지난달 식당에서 J와 나누었다는 이야기로 입을 열었다.

"이 대리님, 혹시 복권 사본 적 있어요?"

"네? 아... 네, 가끔요."

"당첨된 적은 있었나요?"

"아뇨, 한번도요…"

"당첨 안 될 거 알면서 복권은 왜 사요?"

"그래도... 혹시 모르니까요."

J가 웃으며 말했단다. "그 '혹시'는… 한낱 종이조각에만 쓰시나요? 회의실에서는 왜 안 쓰세요?"

이 대리는 그 순간 심장이 멎는 것 같았다고 한다.

"문은 이미 열려 있는데, 이 대리님은 안쪽에서 문고리를 꽉 잡고 불안해하시네요. 이제 그만 그 손 놓고 밖으로 걸어 나와 보세요. 혹시 알아요? 놀라운 일이 일어날지…?"

───────◆───────

이 대리는 잠시 숨을 고르더니 떨리는 목소리로, 하지만 단호하게 말을 꺼냈다. "대표님, 이번에 저희 팀에서 발표한 '언커먼(Uncommon)' 캠페인… 사실은 그거, 제가 기획한 거예요."

"아니, 파트너사에서 창의적 아이디어라며 극찬했던 그 캠페인을 이서연 대리가…?"

"J 씨의 그 한마디가 제 안의 빗장을 부쉈다고나 할까요…? 그렇다고 그분이 저를 개조한 건 아니에요. 저 스스로 가두었던, 저의 존재를 찾아준 거죠."

그 말에 나는 잠시 숨을 멈췄다. '개조가 아니라, 존재를 찾아줬다고…?'

그녀가 볼을 붉히며 상기된 목소리로 말했다. "대표님, 꼭 부탁드립니다. J 씨를 다시 데려와 주세요. 그분은 우리에게 단순한 직원이 아니었습니다. 우리 마음 깊숙이 잠자고 있던 가능성을 깨워준 분이었죠."

내 입이 다물어지지 않았다. 그녀가 나간 뒤, 나는 멍하니 창밖을 보며 생각에 잠겼다. J는 단순히 사람들의 약점을 수리하는 수리공이 아니었다. 대신, 그 약점 아래 묻혀 있던 보물을 찾아내는 진정한 탐험가였다. 그런데 왜, 도대체 왜… 그 탐험가는 우리 회사의 심장부를 경쟁사에 팔아 넘겼을까?

그때 황 비서가 문을 열고 들어왔다. "대표님, 개발팀 김 과장이랑 영업팀 최 대리도 J 씨 관련해 드릴 말씀이 있다며 기다리고 있습니다. 다들… J 씨의 복직을 간절히 바라고 있어요."

나도 모르게 피식 웃음이 났다. 암실 같이 어둡던 내 마음에 뭔가 가느다란 빛 한 줄기가 스며드는 느낌이었다. 나는 곧 다급한 목소리로 말했다. "들어오라고 해. 한 사람씩, 전부 다."

06

디버깅(Debugging)

그로부터 1주 후, 넥스트테크가 신제품 '감성인식 AI'를 시장에 내놓았다. 시장의 반응은 너무나 뜨거웠다. 당장이라도 온 세상을 집어삼킬 것처럼…. 경쟁사의 승전보가 들려올 때마다 나는 억장이 무너지는 심정이었다.

시간이 갈수록 이사회의 압박이 점점 거세어져 갔다. 그러더니, 급기야 노골적으로 내 사임까지 요구하고 나섰다. 하루하루 피가 마르는 지옥 같은 시간이었다.

그런데… 그 불길이 3주가 채 안 되어 사그라들었다. 감성인식 정확도가 특정 상황에서 무너진다는 소문이 돌기 시작한 것이다. 처음엔 일부 사용자들의 불만 정도로 치부됐지만, 대규모 기업 고객사 두 곳이 잇달아 계약을 해지하면서 상황이 달라졌다.

업계 전문지들이 일제히 기술 결함을 분석하기 시작하더니, 결국 한 매체는 이런 기사제목을 뽑았다.

"감성인식 AI, 핵심 알고리즘에 치명적 오류—완성되지 않은 코드를 그대로 탑재했나?"

그리고 얼마 후, 그 균열의 진원지가 생각보다 가까운 곳에 있었음이 밝혀졌다.

보안팀 강 주임이, 며칠 밤을 새운 듯한 핼쑥한 얼굴로 보고서를 내밀었다. "대표님. 실은 제가 혼자서 이 사건을 추적해 왔습니다. 처음부터 J 씨가 범인이라는 게 납득되지 않았거든요."

"혼자서요? 왜 그렇게까지?"

그는 잠시 머뭇거리더니, 다시 입을 열었다. "J 씨가 저한테… 도움을 준 적이 있었습니다. 제 아이의 큰 수술을 앞두고, 제가 정신적으로 무너져 있을 때, J 씨가 건넨 한마디가 저를 다시 일으켜 세웠죠. 그런 인품을 가진 분이 회사의 기밀을 빼돌릴 리가 없다고 확신했습니다. 그래서 제 자리를 걸고라도 진실을 찾고 싶었습니다."

강 주임은 노트북 화면을 내 쪽으로 돌렸다. 박민재의 통화 기록이었다. 넥스트테크 쪽으로 의심되는 번호가 최근 두 달 사이에 집중적으로 찍혀 있었다.

"통화 내용 일부도 확보했습니다."

녹취가 재생되었다.

넥스트테크 측 목소리는 낮고 서늘했다. "물건에 하자가 있잖아요. 우리가 투자한 게 얼만데… 약속이랑 다르지 않습니까? 계속 이런 식이면 계약파기하고 원래대로 다 돌려놓을 겁니다. 책임질 수 있겠어요?"

박민재의 목소리가 떨렸다. "제가… 제가 어떻게든 정상화하겠습니다. 조금만 기다려 주십시오."

나는 재생을 멈췄다. "물건? 투자? 이것만으로는 기술유출을 단정 짓기 힘들겠는데…?"

"맞습니다. 그래서 드리고 싶은 말씀이 있습니다." 강 주임이 잠시 숨을 고르더니… 다시 날 똑바로 바라보며 말했다. "박민재가 스스로 덫에 걸리도록 설계해 놓으면 어떨까요?"

"덫이라고요?"

"네, 넥스트테크의 압박이 계속되면, 박민재는 결국 오류를 직접 해결하기 위해 움직일 수밖에 없을 겁니다… 그때를 노리는 거죠." 강 주임이 다시 입을 열었다. "이 생각을 보안팀장님께 말씀드렸더니, 팀장님이 이 정도 스케일의 건은 대표님 허락 없이는 안 된다고 해서… 이렇게 무례를 무릅쓰고 찾아왔습니다."

방 안 공기가 달라졌다.

"어떤 덫입니까?"

강 주임이 태블릿을 내밀며 말했다. "감성인식 알고리즘 업그레이드 버전 일부를 미끼 파일로 노출시키겠습니다. 실제 핵심구조는 암호화해 두고, 외부에서 접근할 경우 자동으로 추적코드가 심어지도록 설계했습니다. 접근만 해도 흔적이 남습니다. 내부구조를 정확히 아는 사람만 반응할 만한 미묘한 위치에 배치할 예정입니다."

나는 잠시 생각에 잠겼다.

그가 다시 말했다. "만약 박민재가 넥스트테크의 압박을 받고 있다면, 조만간 반드시 움직일 겁니다. 그리고… 이번에는 변명할 여지가 없겠죠."

이건 단순한 보안 조치가 아니었다. 사실상 유인 수사였다.

나는 천천히 말했다. "위법소지는 없습니까?"

"접근만으로는 처벌이 어려우니 별 문제없을 겁니다. 게다가… 실제 침투시도나 파일복사 로그가 남는 순간, 형사고발도 가능합니다."

나는 자리에서 일어나 천천히 창가로 걸어갔다. J를 해고하던 날이 떠올랐다. 제대로 된 확인절차 없이, 나는 결론을 내렸었다. 그리고 처음으로, 진실보다 선입관을 더 중시했던 그날의 나를 떠올렸다.

하지만 이번엔 달라져야 했다. "진행하십시오."

사흘 뒤, 새벽 1시 15분. 경보가 울렸다. 미끼 파일이 위치한 디렉토리에 외부접근 시도가 포착됐다.

한 번. 차단.

다른 경로로 재시도. 다시 차단.

그리고 세 번째 시도. 이번에는 관리자 권한 우회.

자동 추적코드가 활성화됐다. 접속기기 정보, 내부파일 탐색기록, 데이터 압축시도 로그까지 모두 캡처됐다. 접속지는 박민재의 자택. 그는 미끼파일을 열어본 뒤, 암호화된 업그레이드 디렉토리까지 접근하려 했다. 그 순간, 모든 것이 기록됐다. 이번에는 의심이 아니었다. 명백한 침투 시도였다. 우리가 설치한 덫에 박민재가 걸려든 것이다. 아니, 정확히 말하면 그는 자신의 욕망에 걸려든 것이었다.

그후 경찰수사를 통해 박민재의 노트북에서, J에게 죄를 뒤집어씌우기 위해 그가 조작한 '가짜 증거' 파일의 원본이 쏟아져 나왔다.

나는 그 파일들을 보며 한동안 숨을 쉴 수 없었다. 분노가 밀려왔다. 박민재를 향한 증오인지, 무고한 J를 내쫓은 나 자신을 향한 혐오인지 분간할 수 없었다.

황 비서가 조심스럽게 물었다. "대표님… J한테 연락할까요?"

나는 잠시 눈을 감았다. 그날, 해고 통보를 듣고 슬픈 눈으로 고개를 숙이던 J의 얼굴이 떠올랐다. "…아니, 내가 직접 가야지."

———————◆———————

J가 일한다는 목수공방 문 앞. 잠시 망설이다 조심스럽게 문을 열었다.

서툰 솜씨로 삐뚤빼뚤한 의자를 만들고 있는 그의 손끝에는 오늘도 밴드가 감겨 있었다.

무거운 표정으로 들어서는 날 본 그가 반가운 표정으로 말을 건넸다. "대표님이 오신다는 말씀 듣고, 대표님께 드리려고 의자 하나 만들고 있었는데… 이게… 디버깅[1]작업보단 살짝 어렵네요."

그의 유쾌한 농담에 무거웠던 공기가 한결 가벼워졌다.

내가 용기를 내 말했다. "J 씨, 미안합니다. 그리고 돌아와 준다니… 고

---

1 디버깅(Debugging): 컴퓨터 프로그램이나 시스템에서 발생하는 오류(Bug)를 찾아내고, 그 원인을 분석하여 수정하는 과정을 일컫는 IT 전문용어

맙습니다."

그가 빙긋 웃었다. "미안하다는 말은 모기 소리였는데, 고맙다는 말은
확성기였네요. 레오 대표님, 음량조절이 좀 필요하신 듯합니다."

그의 말에 나도 모르게 웃음이 터져 나왔다.

지옥 같던 시간들이 끝나고, 다시금 '마음 탐험가'와 함께 여정을 시작
하는 순간이었다.

07

재회

며칠 후, 부산 출장에서 돌아오던 서울역 지하도.

바쁘게 움직이는 인파 속에서 나는 마법에 걸린 듯 발걸음을 멈췄다. 멀리서 하얀 가운을 입고 노숙인들의 상처를 살피는 여의사.

오랜 시간이 지났어도 여전히 내 가슴 한구석에 깊이 새겨져 있던 그녀, 모리화였다.

리화를 보는 순간, 내 머릿속 시간은 순식간에 6년 전 그날로 되감기 되었다.

미국에서 컴퓨터공학을 전공한 후, 글로벌 AI 기업들의 오퍼를 다 마다한 채 한국으로 돌아올 때, 다들 미쳤다고 했다. 하지만 나한테 한국은⋯ 돌아가신 아버지의 온기가 남은 곳이자, 가난을 이겨내고 성공을 증명해야 할 삶의 본진이었다. 옥탑방에서 관우를 포함한 동료들과 밤새 씨름하던 시절, 내 인생은 오로지 '성공'이라는 목표 하나에만 맞춰져 있었다.

그러던 어느 날, 투자자를 만나러 가기 위해, 중고 스쿠터를 급히 몰다 택시와 충돌했다. 머리는 무사했지만 다리를 다쳤다.

응급실의 차가운 조명 아래, 흰 가운을 입은 리화가 나타났다. "다리 상태가 심상치 않네요. 몇 가지 검사를 하셔야겠어요."

그녀의 눈동자는 단순히 환자를 기계적으로 진단하는 눈이 아니었다. 진심으로 타인의 고통을 걱정하는 맑고 깊은 눈빛. 그 눈빛과 마주친 순간… 나는 엉뚱하게도 퇴원하기가 싫어졌다.

하지만 문제는, 내가 연애에는 전혀 소질이 없는 남자였다는 점이다. 리화가 병실에 오기만을 목 빠지게 기다리다가도, 막상 그녀가 나타나면, 내 마음을 들킬까 봐 가시 돋친 말만 내뱉곤 했다.

"모리화 선생님은 환자한테 감정이입을 너무 많이 하시는 것 같군요. 효율이 떨어집니다."

어쩌면 그녀가 두려웠던 게 아니라, 그녀 앞에서 내가 약해지는 게 두려웠던 것인지도 모른다.

이렇게 나의 까칠함이 계속되던 어느 날, 결국 나의 막무가내 진상짓에 리화가 눈물을 터뜨렸고, 그런 그녀를 보는 내 가슴은 철렁 내려앉았다.

옆에서 지켜보던 관우가 놀리듯 말했다. "형, 저 여의사 좋아하지?"

"뭐? 내가? 뭔 소리야?"

"어유, 다 티 나거든. 내가 좀 도와줘?"

"아니라니까!"

"형, 좋아하면 좋아한다고 말해. 계산기 두드리다가 인생 끝나. 내가 우리 로보스토리의 '연애전담 이사'로서 형의 이 고장 난 연애방식 좀 고쳐 줄 테니까." 관우는 그날로 자신을 '연애전담 이사'로 셀프 발령 냈다.

하지만 그의 정보력은 머잖아 내게 절망만을 안겨줬다. 리화에게 성형외과 레지던트인 남자친구가 있다는 소식이었다. 내 짝사랑은 그렇게 시작도 하기 전에 막다른 길을 만나 버렸다.

그러던 어느 날, 관우가 특급속보를 들고 뛰어왔다. "형! 모리화 남자친구, 이철민 있잖아. 그 사람이 강남의 어느 병원장 딸이랑 결혼한다고 모리화를 차 버렸대!"

그제야 나는 지난 며칠간 리화의 얼굴에 서려 있던 어두운 그림자가 이해됐다.

그때부터 관우의 조언대로, 카드와 꽃바구니를 보내며 별의별 정성을 다 쏟았지만, 리화의 마음은 굳게 닫힌 문처럼 좀처럼 열리지 않았다. 그러다 결국 아무 진전 없이 퇴원했고, 그 후 1년이 넘게 연락을 시도했지만, 돌아오는 건 정중한 거절뿐이었다. 그래서… 결국 포기했다.

'리화 같이 멋진 여자가 날 좋아할 리 없지…' 그렇게 마음속에서 그녀를 지우려 했다.

그 후 몇 명의 여자친구를 사귀었지만, 어느새 리화와 비교하고 있는 내 모습을 발견하고는 결국 다 헤어졌다.

◆

영화 속 슬로우 모션처럼 아련한 추억들이 뇌리를 스치고 지나가다가, 다시 왁자지껄한 소음이 서서히 내 귀를 파고 들었다. 곧 정신을 차린 나는 리화를 향해 천천히 다가갔다.

목소리를 가다듬은 후, 용기를 내 말을 꺼냈다. "맞죠…? 모리화 선생님." 목소리가 떨렸다.

나를 한참 바라보던 리화가 마침내 눈을 크게 떴다. "어? 김레오 님? 어머, 이게 얼마만이에요! 뉴스에서 자주 봤어요."

그때였다. 대여섯 살 정도 된 남자아이가 내 바지춤을 잡아당기며, 똘망똘망한 눈으로 날 올려다보았다. "아저씨도 우리 엄마 조수 할래요?"

아이의 얼굴이 리화와 너무나 닮아 있었다. 순간 심장이 쿵 내려앉는 것 같았다. '엄마? 엄마라고…?'

머릿속에 준비했던 수많은 말들이 한순간에 하얗게 지워지고 말았다.

08

응급상황

그때였다. 진료를 기다리던 노숙인 하나가 갑자기 가슴을 부여잡고 쓰러졌다. 그의 얼굴은 순식간에 잿빛으로 변했고, 거친 숨소리가 공포스럽게 울렸다.

리화가 주저 없이 달려가 상태를 살피더니 나를 향해 소리쳤다. "급성 심장발작이에요! 빨리 119 좀 불러주세요!"

구급차는 금방 도착했지만 문제가 생겼다. 보호자가 없으면 이송이 어렵다는 구급대원의 말에 리화의 눈동자가 흔들렸다.

"제가 같이 갈게요. 모리화 선생님은 여기 남은 분들 진료 마무리하세요." 사태가 워낙 급해 나도 모르게 튀어나온 말이었다.

하지만 구급차에 올라타 문이 닫히는 순간, 묵직한 후회가 밀려왔다. 당장 회사로 복귀해 처리해야 할 일들이 산더미인데… 아, 김레오… 괜한 오지랖은 부려가지고….

차 안에는 오랫동안 씻지 못한 노숙인의 고약한 냄새가 진동했다. 숨을 참았다. 하지만 고통으로 일그러진 그의 손이 내 옷자락을 힘겹게 붙잡는 순간, 나는 결국 참았던 숨을 길게 내뱉었다. 그 불쾌한 냄새조차 지금 그가 살아있다는 절박한 증거처럼 느껴졌기 때문이다.

"선생님… 저 그냥 내려주세요. 병원비 낼 돈이 없어요…."

"걱정 마세요. 세상에는 돈으로 해결 안 되는 게 많지만, 다행히 이건 돈으로 해결되는 일이니까요. 제가 책임질 테니 살 생각만 하세요."

요란한 사이렌 소리가 귓전을 때리는 가운데, 가슴 깊이 묻어두었던 어린시절의 기억이 날카롭게 되살아났다.

◆

"유감입니다. 골든타임을 놓쳤어요. 조금만 더 일찍 오셨더라면…" 의사의 냉담한 한 마디.

흰 천에 덮여 차갑게 식어버린 아빠의 시신. 그 곁에서 목이 터져라 울부짖던 일곱 살의 나.

생일날 같이 캐치볼 하며 놀자던 아빠의 약속은 그렇게 지켜지지 못한 채, 어린 내 가슴에 대못으로 박혔다.

아빠를 살릴 수만 있다면 뭐든 하겠다고, 신에게 빌고 또 빌었던 소년의 그 무력한 마음.

◆

그러는 사이 어느새 병원에 도착했고, 곧 응급수술이 결정됐다. 나는 앞뒤 재지 않고 보호자 동의서에 서명했다. 수술실 문이 닫히자, 복도의자에 털썩 주저앉았다. 생각해 보면 내가 굳이 여기에서 기다릴 이유가 없었다. 그런데 왠지… 자리를 뜰 수가 없었다.

휴대폰을 확인하니 부재중 전화와 메시지가 수십 건. 대충 급한 불을 끄고 긴급한 일들을 수습하고 나니… 어느덧 해가 지고 있었다. 문득 환자가 입고 있던 누더기 옷이 마음에 걸렸다. 근처 상가로 달려가 깨끗한 속옷과 편한 옷가지를 사 들고 병실로 돌아왔다.

다행히 수술은 성공적이었다. 마취에서 깬 환자는 아무 말없이 내 손을

꼭 쥐었다. 한참을 그러고 있었다. 나도… 굳이 손을 빼지 않았다.

그때 병실 문이 열리며 리화가 들어섰다. "수술 잘 끝났다면서요?"

"여긴 어떻게 알고 왔어요?"

"아까 구급대원분께 물어봤죠."

"아이는요?"

"1층 어린이 도서코너에서 그림책 보고 있어요. 거긴 자원봉사자분들이 계셔서 안심이 되거든요."

그러더니 리화가 날 바라보며 말을 이었다. "김레오 님, …예전과는 좀 달라지신 것 같아요…" 그리고 그녀가 작게 미소 지었다. "오늘 이렇게 도와주셔서 감사합니다."

그 말에 나는 멋쩍게 웃었다. 시계가 어느덧 저녁 8시를 넘기고 있었다. 긴장이 풀리자 배꼽시계가 요란하게 울려댔다.

나는 머쓱하게 웃으며 리화에게 말을 건넸다. "오늘 제가 모 선생님 조수 노릇 제대로 한 것 같은데, 조수 일당으로 짜장면 한 그릇 사주시는 건 어때요?"

나의 갑작스러운 제안에, 리화가 당황스러운 표정을 지었다.

"거절하시면, 저 여기서 계속 꼬르륵 소리 내면서 버티고 있을 겁니다."

내 썰렁한 농담에 리화가 피식 웃었다. "그러시면 안 되죠." 그녀가 처음으로 편한 미소를 지어 보였다.

09

왜 하필… 이런 모습으로

우리는 근처 중국집으로 향했다.

6년 만에 리화와 마주 앉아 있다니… 꿈만 같았다.

어색한 공기를 깨기 위해, 나는 리화 옆에 앉은 아이에게 시선을 돌렸다. "야, 꼬마, 몇 살이야? 이름은?"

"다섯 살요. 이름은 모범."

"모범? 음… 아저씨가 네 별명 알아 마쳐 볼까? 그게… 모범생! 맞지?"

"땡! 틀렸어요! …택시예요."

"아, 모범택시? 하하. 그래, 모범, 성은 뭐야?"

"성은 모, 이름은 범! 그래서 모범이라니까요?"

순간 젓가락을 든 내 손이 멈췄다. 아이가 엄마 성을 따랐다는 건…? 나는 아이의 작은 얼굴과 리화를 번갈아 보았다. 잠시 정적이 흘렀다.

당황하는 내 표정을 읽었는지 리화가 먼저 입을 열었다. "6년 전에… 저랑 사귀던 사람, 기억하시죠? 이철민."

나는 고개를 끄덕였다. 아무 말도 나오지 않았다.

"그 사람 아이에요."

공기가 묘하게 얇아졌다. 리화는 시선을 잠시 아이에게 두었다가, 다시 나를 향해 말했다. "헤어진 뒤에 알았어요. 아이가 생겼다는 걸요. 그때 이미… 그 사람은 다른 사람이랑 결혼 준비 중이었고요." 그녀의 목소리는 차분했다. 마치 지나간 일을 보고하듯…. "그 사람한테 굳이 알릴 필요는 없다고 생각했어요. 이미 떠난 사람, 아이를 핑계로 붙잡고 싶진 않았거든요."

나는 여전히 아무 말도 못했다. 놀란 표정을 감추려 했지만, 뜻대로 되지 않았다.

그런 나와 눈이 마주치자, 리화는 애써 웃음 지으며 선수를 쳤다. "이 정도 미모에, 의사라는 직업에, 이렇게 예쁘고 똑똑한 아들까지 있으면… 제 인생, 꽤 괜찮지 않아요? 그러니까 김레오 님, 그렇게 절 불쌍하게 볼 필요 없단 얘기예요."

이상하게도 그 말이, 누군가를 설득하려는 말이 아니라, 자기 자신에게 수만 번은 되뇌었을 다짐처럼 들렸다. 리화는 여전히 내가 알던 리화였다. 아니, 그때보다 훨씬 더 단단하고 빛나는 사람이 되어 있었다. 그런데 정작 나는…? 그녀의 삶을 함부로 동정하려 했던 내 좁은 시야가 너무나도 부끄러웠다.

하지만 내 진심을 전하기도 전에 리화가 시계를 보며 말했다. "너무 늦었네요. 저희는 이만 가봐야 할 것 같아요." 리화의 목소리가 미세하게 떨리고 있었다. 아무렇지 않은 척했지만, 그녀에게도 이 고백은 꽤나 큰 용기가 필요한 일이었으리라.

"범아, 가자."

"어? 나 탕수육 더 먹어야 하는데…."

"다음에 먹자. 일어날 시간이야."

리화는 범이의 고사리 같은 손을 꼭 쥔 채, 서둘러 일어섰다.

"잠깐만요." 내가 일어서며 말했다. 하지만 그 다음 말이 나오지 않았다. 리화의 눈에 살짝 맺힌 그 눈물을 보는 순간, 마음 속에 맴돌던 말들이 전부 엉켜버렸기 때문이다.

리화도 그 침묵을 눈치챘는지, 살짝 고개를 돌렸다. 그리고 급히 아이 손을 잡아 끌며 문을 향해 걸어갔다. 문이 닫히는 소리와 함께 리화와 범이의 모습은 내 시야에서 완전히 사라졌다.

마음 깊은 곳이 무너져 내리는 느낌이었다. '왜 지금 나타난 거야, 리화… 왜 하필 이런 모습으로…?'

10

내가 무슨 짓을 한 거지?

"황 비서, 내가 어제 누굴 만났는지 알아?"

"그러니까요. 대표님, 도대체 누굴 만나셨길래 팀장회의도 펑크내시고, 제 전화도 안 받으셨던 거예요?"

"모리화 생각 나? 6년 전에 나 다리 다쳐서 입원했을 때… 그 여의사 말야."

"아, 그럼요. 생각나고 말고요. 어제 모리화 만나셨어요?"

"응, 서울역에서 노숙인들 진료를 해 주고 있더라고. 그런데 말야… 리화한테 아이가 있더라."

"아, 결혼했군요. 하긴, 모리화도 나이가 벌써…"

"결혼은 안 했대. 혼자서 아이를 키우나 봐."

관우의 눈이 휘둥그래졌다. "모리화가 미혼모란 말이에요? 아니, 아이 아빠가 누구길래…?"

"왜, 그때 리화랑 사귀던 레지던트 있었잖아? 이철민이라고… 그 사람 아이래. 헤어진 직후에 아이가 생긴 걸 알게 됐나 봐… 하지만 이미 떠난 사람, 아이 핑계로 붙잡기 싫어서 알리지 않고 아이를 혼자 낳아 길렀다 더군. 이철민은 아직도 아이의 존재조차 모른대.”

“네…?” 순간, 관우의 얼굴이 종이처럼 하얗게 질렸다.

단순히 놀란 표정이라고 하기엔 지나치게 사색이 된 모습에 내가 의아해하며 물었다. “왜 그렇게 놀라? 요즘 세상에 이런 일이야… 뭐 흔하지 않아?”

관우는 대답 대신 마른침을 꿀꺽 삼켰다. 한참을 멍하니 서 있던 그가, 갑자기 직급을 떼고 예전처럼 친밀하게 말을 걸어왔다. 이건, 상황이 정말 심상치 않다는 신호였다.

“사실은, 형, 내가 형한테 말 안 한 게 있는데… 아, 이거 어떡하지? 세상에, 어떻게 이런 일이…?” 관우는 한숨을 푹푹 쉬며 말을 잇지 못했다.

“뭔데? 도대체 뭔데 그래?”

“있잖아, 형, 사실은… 그때 형이 모리화 좋아한다고 해서 내가 모리화 뒷조사를 좀 했었잖아. 그래서 이철민이랑 사귄다는 사실도 알아냈고… 그래도 형이 모리화를 좀처럼 포기 못하길래, 내가 작전을 좀 짰었어.”

“무슨 작전을 짰다는 거야?”

“당시 유명한 중매쟁이를 찾아내, 이철민한테 접근하게 만들었어. 그 중매쟁이가 ‘강남의 어느 병원장이 마침 의사 사윗감을 찾고 있다’면서 이철민이랑 병원장 딸의 만남을 주선했고.”

난 너무 놀라 입을 다물지 못했다.

그런 내 눈치를 살피며 관우가 계속 말을 이었다. “예상대로 이철민이 미끼를 덥썩 물길래… 잘 됐다 싶었지. 결국 이철민은 병원장 딸을 만난 지 한 달만에 결혼했고. 그래서 난 이제 장애물도 없고 하니, 형이랑 모리화랑 잘 될 줄 알고 밀어붙였는데….”

“아니, 뭐라고? 야, 너 어떻게 그런 짓을 할 수가 있어? 내가 언제 그런 야비한 방법으로 리화를 차지하고 싶다고 했냐고?” 내 목소리가 떨렸다. “그러니까 네 말은… 리화가 지금껏 미혼모로 살아온 게, 그리고 리화 아들이 아빠 없이 자란 게… 다 내 탓이라는 거잖아?”

“굳이 따지자면 형 탓이 아니라, 내 탓이겠지…” 관우는 기어들어가는

목소리로 말했다.

나는 두 손으로 머리를 감쌌다. "야, 이거 어떡하냐? 내가 리화한테 평생 씻을 수 없는 죄를 지었네. 그런데 난 그것도 모르고 어제 리화 앞에서 실망한 표정을 노골적으로 드러냈으니… 리화가 얼마나 상처받았을까? 아니, 그게 문제가 아니지. 리화가 이 사실을 알면 날 용서하기나 할까? 아… 어떡해? 리화가 날 철천지원수로 생각하게 생겼으니… 이 일을 어쩌면 좋지?"

정신없이 내뱉는 내 말에, 관우는 입술을 꽉 깨물며 말했다. "형, 냉정하게 생각해 봐. 이철민 같은 놈은 어차피 리화를 배신했을 놈이야. 모리화가 그런 쓰레기랑 결혼 안 한 게 오히려 다행일 수도 있어. 너무 자책하지 마."

"됐어, 그만해." 난 한숨을 내쉬었다. 가슴이 납덩이를 매단 듯 무거웠다.

며칠간 한참을 고심한 끝에, 리화에게 문자를 보냈다. "한 번만 만나 주세요. 꼭 할 얘기가 있어요."

"그렇잖아도 노숙인 아저씨 병원비 송금해 드리려 했어요. 그냥 계좌번호만 찍어 주세요." 지극히 사무적인 톤의 답장이 왔다.

이대로는 리화가 날 절대로 안 만나 줄 것 같아, 다시 관우한테 도움을 청했다. 그리고 며칠 후, 관우는 리화에 관한 몇 가지 정보들을 알아 왔다. 집은 어디인지, 어느 병원에서 근무하는지, 그리고 무슨 요일에 노숙인들 진료를 해 주는지 등등…

그러다 눈에 띄는 정보 하나를 발견했다. '매주 일요일, 교회 예배 참석'

솔직히 교회는 싫었다. 아버지가 돌아가신 후, 줄곧 신을 부정해왔으니까…. 하지만 리화를 만나려면 어쩔 수 없었다.

11

들어갈까, 돌아갈까?

그 주 일요일, 교회 문 앞에서 나는 한동안 손잡이를 붙들고 있었다. '그냥 돌아갈까…?'

그러다 결국 교회 문을 천천히 밀었다. 작은 예배당은 사람들로 가득했다. 낯선 얼굴들 사이에서, 앞쪽에 앉아 있는 리화와 범이가 보였다.

그 순간, 범이가 내 쪽을 돌아보며 소리쳤다. "어? 조수 아저씨다!"

나는 순간 당황했다. 하지만 이미 늦었다. 날 향해 뒤를 돌아보는 리화와 곧 시선이 마주친 것이다. 그때… 누군가 내게 천천히 다가왔다. J였다.

"아니, J 씨가 여긴 어떻게…?"

"실은 저도 이 교회 다닙니다. 대표님, 잘 오셨습니다. 왠지 오늘이 대표님을 위한 특별한 날이 될 것 같군요. 이쪽으로 오세요."

나는 얼떨결에 J가 권해주는 자리에 앉았다. 하지만 예배시간이 어떻게 지나갔는지 모를 정도로 머릿속이 복잡했다.

예배가 끝난 후, 리화가 먼저 다가왔다. "…여긴 무슨 일로…?" 그녀는 미묘한 표정을 지었다.

당황한 나는… 입에서 나오는 대로 막 떠들어댔다. "네, 제가 요즘 갑자기 신앙심이 솟구쳐서… 지나가다 교회가 눈에 띄어 들어와 봤는데… 하필 여기에서… 모리화 선생님을 만나다니… 저도 너무 놀랍네요… 하하하"

너무 뻔한 거짓말에 리화는 어이없다는 듯 피식 웃더니, 나를 바라봤다. 하지만 뭔가 말하려다 그냥 넘기는 눈빛이었다.

"모리화 선생님…" 진지한 내 목소리에 리화가 의아한 표정으로 날 바라봤다.

나는 한참 망설이다 멋쩍게 말을 꺼냈다. "혹시... 커피 한 잔 하실 수 있을까요?"

리화는 잠시 망설이다가, 곁에 있는 아이를 보며 완곡히 거절했다. "범이가 있어서 좀 곤란할 것 같아요."

"범이도 당연히 같이 가야죠."

나는 즉시 범이와 눈을 맞추며 물었다. "범아, 아저씨랑 시원한 슬러시 먹으러 갈까?"

범이는 반짝이는 눈으로 엄마의 옷자락을 흔들며 졸라댔다. "엄마, 나 조수 아저씨랑 슬러시 먹고 싶어! 같이 가면 안 돼?"

리화는 당혹스러운 표정을 지었지만, 끝내 아이의 기대를 꺾지 못했다. 그녀는 아이와 나를 번갈아 바라보다가 이내 고개를 끄덕였다. "좋아요. 교회 앞에 작은 카페가 있어요."

❖

조용한 카페. 창밖으로 늦은 봄 햇살이 부드럽게 들어왔다. 범이는 슬러시에 집중해 있었고, 우리는 잠시 아무 말도 하지 않았다. 커피잔에서 올라오는 김만 천천히 흩어졌다. 문득 내 모습이 한심해 보였다. 마치 아까 교회 문 앞에서 들어갈까, 돌아갈까 망설이던 것처럼, 지금은 리화의 마음 문 앞에서 서성이고 있는 기분이었다.

잠시의 침묵이 흐른 후, 내가 먼저 용기를 내어 말을 꺼냈다. "우리… 가끔이라도… 만날 순 없겠죠?"

리화는 잠시 생각하다가 말했다. "저는… 누군가가 갑자기 제 삶 안으로 들어오는 게… 좀 부담스러워요. 범이도 그렇고, 저도요." 말투는 부드러웠지만 뜻은 분명했다.

나는 고개를 끄덕였다. 그녀의 경계심이 이해됐다.

리화가 덧붙였다. "그리고… 억지로 잘해 주려고도 하지 마세요."

나는 당황해서 눈을 깜빡였다. "네? 아, 네…" 난 머리를 긁적이며 멋쩍게 웃었다.

리화가 잠시 멈췄다가 말했다. "그냥… 천천히요."

그녀의 뜻밖의 말에, 팽팽하게 조여 있던 긴장이 풀린 듯, 나도 모르게 작은 한숨이 새어 나왔다. 나는 조심스럽게 고개를 끄덕이며 말했다. "그래요. 천천히..."

12

'인간 레오'를 위한 인턴?

J가 복귀하고 얼마 후, 나는 그를 내 사무실로 불렀다. 그는 언제나처럼 평온한 표정이었다.

　나는 손을 깍지 낀 채 그를 바라보았다. "J 씨, 우리 회사에 대체 무슨 일이 벌어지고 있는 거죠?"

　J는 고개를 갸웃하며 되물었다. "무슨 뜻인가요?"

　내가 미간을 좁히며 말했다. "J 씨랑 대화한 사람들, 다들 이상하게 변하더군요."

　그러자 J는 밝게 미소 지으며 물었다. "칭찬이신가요?"

　나는 선뜻 대답하지 못했다. 그러다 곧 단도직입적으로 물었다. "J 씨는… 사람들의 마음을 읽을 수 있어요?"

　J는 잠시 침묵했다. 마치 내 마음을 들여다보는 것처럼. 그리고 천천히 말했다. "아니요. 저는 그냥… 그들의 마음을 바라볼 뿐입니다."

　이상하게도 그 말이 마음에 깊이 파고들었다. 뭔가 더 캐물어야 할 것 같았지만, 무슨 이유에선지… 더 이상 질문이 떠오르지 않았다.

그때 J가 문득 질문을 던졌다. "대표님, 행복하십니까?"

나는 뜬금없는 질문에 눈살을 찌푸렸다. "…그걸 왜 J 씨가 걱정하죠?"

J가 짓궂게 웃었다. "제 업무 중 하나가 대표님을 걱정하는 일이거든요."

나는 어이없다는 듯 되물었다. "…업무?"

"저는 'CEO 레오'를 위한 인턴이 아닙니다. '인간 레오'를 위한 인턴이죠."

나는 코웃음을 쳤다. "그럼 J 씨가 내 스케줄도 다 관리해 주나요?"

J가 눈을 반짝이며 대답했다. "아니요. 그런 건 황 비서님이 훨씬 잘하시죠. 저는 좀 더… 고차원적인 일을 합니다."

나는 눈을 가늘게 뜨며 되물었다. "이를테면…?"

J가 가볍게 미소 지었다. "대표님이 진짜 중요한 걸 놓치시지 않도록 돕는 일이랄까요?" 그러더니 J는 나를 가만히 바라봤다. "아버지가 마지막으로 약속하셨던 생일선물, 아직도 기억하시죠?"

숨이 멎는 것 같았다. 그건… 누구한테도 말한 적 없는 이야기였다. "어떻게…. J 씨가 그걸…?"

J는 아무 말도 하지 않았다. 그저 조용히 나를 바라볼 뿐이었다. 그러더니 곧 나직이 말했다. "그 기억이… 아직도 레오 대표님을 지켜 주고 있잖아요."

나는 할 말을 잃었다. 당황스러웠다. 그런데 이상하게도, 그 말이 마음 깊은 곳에 닿았다. 왜인지 모르겠다. 그의 말에는 묘한 힘이 있다. 마치 내 안에 숨겨 둔 무언가를 이미 알고 있는 사람처럼.

'J는 단순한 인턴이 아니야.'

그 생각이 스쳐 지나가는 순간, J가 다시 입을 열었다. "참고로 말씀드리면, 대표님."

나는 고개를 들었다.

"'인간 레오'를 위한 인턴 계약서는… 이미 오래전에 승인된 상태입니다."

나는 눈썹을 치켜 올렸다. "누가 승인했는데요?"

J가 어깨를 으쓱했다. "대표님 아버지요."

그리고 그는 살며시 문을 나갔다.

13

시스템 오류

리화와 재회한 뒤, 처음 몇 번은 범이랑 셋이서 만나곤 했다. 그러다 점점 둘이서만 만나는 시간이 늘어갔다. 그렇게 만남이 이어지면서, 우리 사이를 가로막고 있던 어색함의 벽도 조금씩 허물어지는 게 느껴졌다.

그런데 이상한 일이 일어났다. 마음 깊숙이 봉인해 두었던 감정들이 제멋대로 튀어나오기 시작한 것이다. 회사에서 중요한 결재서류를 검토하다가도 멍하니 창밖을 바라보는가 하면, 그녀에게서 온 메시지는 없는지 어느새 휴대폰을 확인하곤 했다. 틈만 나면 '그녀가 지금 무엇을 하고 있을지, 어떤 하루를 보냈을지' 상상하는 내 모습이 스스로도 낯설고 당황스러웠다. 예측 가능하고 효율적으로 돌아가던 내 안의 시스템이 어느 날 갑자기 오작동하기 시작한 것처럼. 명백한 '시스템 오류'였다. 그런데 문제는, 고치고 싶은 생각이 전혀 안 든다는 것이었다.

그러던 어느 날, 호수가 있는 작은 공원에서 리화를 만났다. 저녁 바람이 솔솔 불어오는 가운데 나뭇잎 사이로 석양 햇살이 부서지고 있었다.

리화는 주변을 둘러보며 잔잔한 미소를 지었다. "이런 데 오고 싶었어요. 자연이 아름다운 곳… 그래서 마음이 편해지는 곳."

잠시의 침묵. 난 그녀를 바라보며 천천히 말했다. "리화 쌤은… 여전히 어려운 사람들을 도우며 살고 계시네요."

리화는 고개를 끄덕이며 환하게 웃었다. "네. 저는요… 누군가의 인생이 조금 덜 아프게 되는 걸 보는 게 제일 행복해요."

'행복…?' 머릿속이 멍해졌다.

리화가 부드럽게 물었다. "레오 대표님은요? 지금처럼 사시는 게 행복하세요?"

난 잠시 머뭇거리다가 말했다. "솔직히… 잘 모르겠어요."

리화는 그런 나를 한동안 말없이 바라보았다. "괜찮아요. 천천히 찾아가도 돼요."

그 시선이 차갑지 않아 다행이었다. 나도 모르게 그녀의 얼굴을 넋 놓고 바라봤다. 그러자 리화의 뺨이 석양보다 조금 더 붉게 물들었다.

그날 밤, 잠자리에 누웠지만 좀처럼 잠이 오지 않았다. 저녁 바람의 부드러운 감촉, 그녀의 온화한 미소, 그리고 무엇보다 날 위안해 주던 그녀의 다정한 목소리가 뇌리를 떠나지 않았다.

한참을 망설이다 문자를 보냈다. '오늘 호수 공원 정말 좋았어요. 다음엔 더 근사한 곳으로 모실게요.'

몇 시간처럼 느껴지는 몇 분이 흐른 뒤, 답장이 도착했다. '기대할게요, 레오 대표님 ☺'

그 짧은 메시지를 보며 나는 스스로가 어이없을 만큼 환하게 웃고 있었다. 이 묘한 기류를 놓치고 싶지 않아, 조금 더 욕심을 내어 다시 메시지를 적어 내려갔다. '그런데… 저를 언제까지 '레오 대표님'이라고 부를 건가요?'

잠시 후, 리화에게서 장난기 섞인 답장이 왔다. '음… 저한테 '리화야!'라고 먼저 불러 보세요. 그럼 가르쳐 드릴게요.'

나는 두근거리는 마음으로, 한 글자 한 글자 정성스럽게 답장을 적었다.

'리화야! 잘 자!'

그리고 곧바로 돌아온 답장 한 줄. '응, 오빠도-!'

나는 휴대폰을 들고 한참 동안 멍하니 웃고 있었다.

그 순간 이상하게도 J의 말이 떠올랐다. '대표님, 행복하십니까?'

"아직 잘 모르겠지만…" 나는 베개에 얼굴을 묻으며 중얼거렸다. "뭔가… 시작된 것 같긴 하네요."

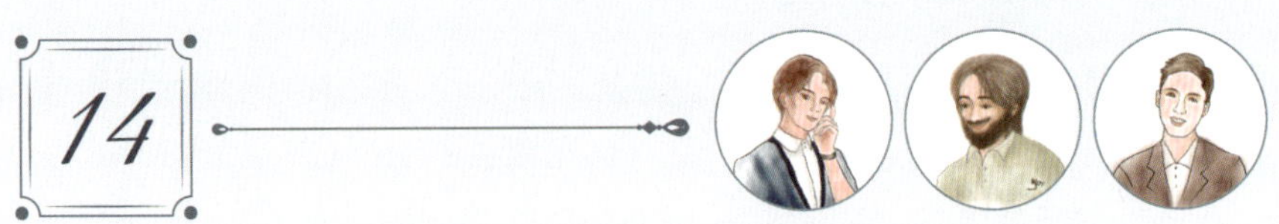

J 씨가 필요할 거라 했었죠, 나한테…

모두가 퇴근한 저녁. J는 사무실 의자에 기대어 헤드폰을 끼고 눈을 반쯤 감은 채 음악을 듣고 있었다. 마치 텅 빈 사무실이 자신만의 콘서트홀이라도 되는 것처럼.

내가 노크를 하며 들어서자, 그는 헤드폰을 벗으며 고개를 들었다. 마치 기다리고 있었다는 듯 미소를 지으면서. "오, 레오 대표님. 어서 오세요."

"저녁은 먹었어요?" 무슨 말부터 꺼내야 할지 몰라, 별생각 없이 질문을 던졌다.

"네. 다행히 인턴한테도 직원식당 식권이 지급되거든요." 그가 다정하게 웃었다. "…그런데 정말 제 저녁이 궁금해서 오신 건 아니죠?"

그때 지나가던 황 비서가 우리를 보고는 들어왔다. "대표님, 요즘 퇴근이 더 늦어지신 것 같습니다?"

J의 입가에 장난기 어린 웃음이 번졌다. "대표님이 요즘 일생일대의 중요한 프로젝트를 진행 중이시거든요."

황 비서가 눈을 크게 뜨며 물었다. "…M&A[2]입니까?"

J는 마치 극비 보안사항이라도 되는 양 천천히 고개를 끄덕이며 속삭이듯 말했다. "맞습니다. 다만 기업이 아니라 가정의 합병이죠."

황 비서는 팔짱을 낀 채 흥미롭다는 듯 우리를 번갈아 보았다.

J가 아무렇지 않게 말을 이었다. "두 개의 독립법인이 병합하여 하나의 새로운 법인을 설립하는 프로젝트입니다. 물론 '범이'라는 핵심자산도 포함해서요."

J의 말에 황 비서는 의미심장한 미소를 지으며 방을 나갔다.

나는 겸연쩍게 J를 바라봤다. "J 씨… 면접 때 그랬었죠? 나한테 J 씨가 필요할 것 같아서 우리 회사 인턴에 지원했다고."

"네. 기억하시네요?" J가 쾌활하게 응수했다. "그땐 되게 어이없어 하셨는데… 하하"

"맞아요. 그랬죠." 나는 지난 기억을 떠올리며 나직하게 읊조렸다. "그런데 요즘은… 이상하게 그 말이 실감 납니다."

J의 표정이 사뭇 진지해졌다. "그런데 대표님." 그가 나를 똑바로 바라봤다. "성공의 정점에 서 계신 분이 왜 매일 새벽까지 이 적막한 사무실을 지키고 계신 걸까요? … 마치 멈추면 곧장 불안이 덮쳐올 것처럼요."

그 말에 가슴이 움찔했다.

J는 내 반응을 살피듯 조심스럽게 말을 건넸다. "대표님, 그런 생각 안 드세요?"

나는 고개를 들었다.

"왜 사람은 인정받을수록 더 인정에 중독되는지, 왜 성취감의 유통기한은 그렇게 짧은지…"

나는 당혹감을 감추려, 일부러 호기롭게 받아쳤다. "이건 뭘까요…? 마치 정답을 알고 있다는 듯한 J 씨의 오만함이 느껴지는 이 느낌은?"

"하하, 제가 좀 재수없었죠?" J가 너털웃음을 터뜨렸다. 그리고 한 박자 쉬고 덧붙였다. "하지만 대표님이 별로 행복해 보이지 않는 것 같아서

요.” 그는 잠시 생각에 잠긴 듯하더니 화두를 옮겼다. “왜 사람들은 혼자 있으면 불안해서 휴대폰을 켜고, 자유를 원하면서도 끊임없이 무언가에 묶이려고 할까요?”

나는 이마를 찌푸린 채 생각에 잠겼다. 나 역시 늘 품고 있던 질문이었기 때문이다.

J의 목소리에 신비로운 무게감이 실렸다. “그건 아마… 인간의 마음 속에, 정교하게 설계된 빈 방이 하나 있기 때문일 겁니다.”

“빈 방요?”

“네, 그런데 사람들은 그 방에 맞지도 않는 엉뚱한 가구들을 자꾸 들여놓느라 바쁘죠.”

나는 턱을 괴며 흥미롭다는 듯 반문했다. “그럼 그 방은 뭘로 채워야 합니까? 설마 종교 같은 이야기를 하려는 건 아니죠?”

“종교라기보다는… ‘결핍의 속성’에 관한 이야기입니다.”

“결핍?”

“네.” J는 복잡한 수식을 풀 듯 차분하게 설명했다. “배고픔이 있다는 건 이 세상에 음식이 있다는 증거입니다. 목마름이 있다는 건 물이 있다는 증거죠.” 그는 내 눈을 똑바로 응시하며 논리를 이어갔다. “그렇다면, 인간이 세상 어떤 것으로도 채워지지 않는 갈증을 느낀다는 건… 보이지 않는 ‘어떤 존재’가 실제로 있다는 신호일 수도 있지 않을까요?”

그 말에 반감을 느낀 나는 곧장 받아쳤다. “그 논리라면… 외로움을 느끼는 사람은, 자기를 사랑해 줄 누군가가 반드시 있다는 뜻이겠네요?” 내 목소리는 어느새 냉소적으로 변해 있었다. “그런데 현실은 그렇지 않잖아요.”

J는 잠시 말이 없었다. 그러더니 고개를 떨구며 씁쓸하게 인정했다. “맞습니다. 저도 그 질문에 깔끔한 답은 없습니다.”

그 솔직함이 오히려 예상 밖이었다. 잠시 침묵이 흘렀다.

“인간은 어쩌면… 단 한 번도 본 적 없는 고향을 그리워하는 실향민 같은 존재인지도 모르죠.”

나는 쓴웃음을 지으며 고개를 저었다. “J 씨, 그거 너무 감상적인 논리

아닌가요?"

J가 고개를 천천히 저었다. "감상이 아니라 데이터입니다." 그러더니 테이블 위에 있던 펜을 집어 들었다. "이 펜이 '어떻게' 만들어졌는지는 과학이 설명할 수 있습니다." 그리고 이번엔 펜을 가볍게 흔들며 본질적인 의문을 던졌다. "하지만 이 펜이 '왜' 만들어졌는지는 설계자에게 물어봐야 합니다."

나는 눈썹을 찌푸렸다. "그래서요?"

J는 확신에 찬 어조로 선언했다. "우주도 마찬가지입니다. 우리는 과학을 통해 '어떻게' 세계가 존재하게 되었는지는 연구할 수 있습니다." 그는 천장을 바라보며 말을 이었다. "하지만 사람이 왜 존재하는지는… 과학이 답할 수 없습니다. 그 답은 결국 사람을 설계한 분의 의도 속에 있으니까요."

나는 이마를 손가락으로 누르며 한숨을 내쉬었다. "…J 씨랑 대화하면 머리가 아픕니다."

J가 부드러운 웃음을 터뜨렸다. "좋은 신호입니다. 그건… 대표님이 지금까지 한 번도 고민하지 않으셨던 것들을 이제 고민하기 시작하셨다는 뜻이니까요." 그리고는 가벼운 목례를 남기고 나갔다.

나는 그가 방금 집어 들었던 펜을 바라봤다. 그리고 한참 동안 아무것도 하지 못한 채 그대로 앉아 있었다.

소풍

주말. 우리는 한강공원으로 소풍을 갔다. 리화, 범이, 그리고 나. 셋이 함께 있는 이 풍경이 어쩐지 낯설면서도 포근했다. 범이의 하얀 티셔츠에 초콜릿 아이스크림이 점점이 묻어 있었다. 하지만 범이는 아랑곳 않고 잔디밭을 가로질러 달렸다. 나는 이 평화로운 풍경을 가만히 눈에 담았다. 가슴 한 켠이 묘하게 울렁거렸다.

그때였다. "범아, 조심해!" 리화의 목소리가 날카롭게 공기를 갈랐다.

하지만 이미 늦었다. 강가의 가파른 돌판 위에서 범이가 중심을 잃었다. 풍덩! 아이의 작은 몸이 뒤로 미끄러졌다.

생각할 겨를도 없이, 나는 몸을 날려 물속으로 뛰어들었다. 구두 속으로 차가운 물이 스며들고, 수트 바지가 눅눅하게 다리에 감겨 왔지만 상관없었다. 마침내 손끝에 닿은 아이의 작은 옷자락을 낚아채듯 끌어당겨 품에 안았다. "괜찮아, 범아. 아저씨 여기 있어."

그리고 범이를 품에 안은 채 물 밖으로 올라왔다. 아이의 몸이 덜덜 떨리고 있었다. 범이는 작은 손으로 내 젖은 셔츠를 꼭 움켜쥐었다. 울음소

리가 점점 잦아들었다. 그리고 어느 순간 아이의 얼굴이 내 가슴에 깊숙이 파묻혔다. 아이의 등을 천천히 두드리고 있는 투박한 내 손바닥 아래로 작고 빠른 심장 박동이 전해졌다. 그 순간, 내 심장 어딘가에 있던 견고한 빗장이 툭 하고 풀려 버렸다.

잠시 후 범이가 고개를 들었다. "아저씨… 고마워요." 아주 작은 목소리였다. 하지만 내게는 천둥소리처럼 크게 들렸다.

"괜찮아, 범아." 나는 젖은 손으로 아이의 머리를 쓰다듬었다.

범이가 처음으로 나를 향해 활짝 웃었다.

리화가 허겁지겁 달려왔다. 그녀는 떨리는 손으로 범이를 끌어안았다. 그리고 잠시 나를 바라봤다. 진흙이 묻은 내 구두. 물방울이 뚝뚝 떨어지는 명품 시계. 리화는 무언가 말하려다 입술을 깨물었다. 그 눈빛에는 미안함과 함께, 예전에는 없던 신뢰가 담겨 있었다.

나는 물에 젖어 무거워진 소매를 털어냈다. 범이의 젖은 머리카락 냄새가 아직 코끝에 남아 있었다. 이상하게도 마음이 따뜻했다.

16

약점을 인정하는 사람들

그날도 J는 사무실에 혼자 남아 있었다.

그의 책상 앞으로 다가간 나는 직설적으로 물었다. "J 씨는 크리스천인 가요?"

갑작스러운 내 질문에 당황한 듯, 그가 머리를 긁적이며 대답했다. "아, 굳이 따지자면, 뭐 그런 셈이죠."

뭐지? 그런 셈이라니…? 리화를 만나려고 마지못해 교회에 나가는 나 같은 '썬데이 크리스천[3]'이란 뜻인가?

내 생각을 읽어내기라도 한 듯 J가 장난스럽게 대꾸했다. "저도 대표님 못 지 않게 일요일에 좀 바쁘긴 하죠. '본사' 보고업무가 몰려 있어서 말입니다."

나는 잠시 고개를 갸우뚱했지만, 다시 본론으로 파고들었다. "그런데… 천국과 지옥이 정말 있는 걸까요?"

---

3 썬데이 크리스천(Sunday Christian): 일요일에만 교회에 가고, 평소엔 신앙이 삶에 적용되지 않는 형식 적 그리스도인.

“제가 알기로는 분명히 있습니다.”

“무슨 논리로…? 과학적으로 증명할 수도 없잖아요.”

“그건 실험실에서 다룰 문제가 아니죠. 사랑을 현미경으로 증명할 수 없다고 해서 사랑이 없다고 말할 순 없지 않습니까?” 그는 한층 차분해진 어조로 덧붙였다. “이건 증명의 문제가 아니라… 경험의 문제라고 생각합니다.”

“솔직히 난 잘 모르겠어요.”

“그럼 지금 직접 확인해 보시는 건 어때요?”

“확인…?” 순간 등골이 서늘해졌다.

내가 당황하는 모습을 본 J가 손사래를 쳤다. “아, 그렇다고 지금 당장 천국으로 보내 드리겠다는 뜻은 아닙니다. 대표님이 가시면… 제 월급은 누가 줍니까?”

나는 그의 썰렁한 농담에 피식 웃음을 터뜨렸다.

이내 그의 눈빛이 진지하게 가라앉았다. “대표님이 직접 확인해 보시라는 건… 직접 하나님께 물어보시란 뜻이었어요.”

“직접 물어보라고요?”

“이렇게 기도해 보세요.” 그는 단어 하나하나에 무게를 담아 천천히 읊조렸다. “하나님, 정말 천국과 지옥이 있는지 제게 알려 주세요.”

나는 고개를 갸웃했다. “기도 자체가 이미 신이 존재한다는 전제하에 하는 거 아닌가요?”

J는 되묻듯 내 눈을 마주했다. “대표님은 정말 하나님이 안 계신다고 생각하세요?”

“딱히 있는 것 같진 않아요.” 나는 코웃음을 치며 반박했다. “정말 하나님이 있다면 기독교가 지금 이 지경이 되도록 놔두진 않았겠죠.”

J가 흥미로운 표정으로 고개를 기울였다. “이 지경이라면…?”

나는 기다렸다는 듯 비판을 쏟아냈다. “요즘 교회가 얼마나 욕먹는지 몰라서 그래요? 내 친구 하나는 한동안 교회를 열심히 다녔는데… 어느 날, 목사가 건축헌금 안 냈다고 온 교인들 앞에서 망신을 줬답니다. 그날 이후로, 다시는 교회에 안 가겠다면서 이를 갈더라고요.”

J의 안색이 어두워졌다. “안타깝네요.”

"안타깝긴요. 화가 나죠!" 내 목소리에 절로 힘이 들어갔다. "하나님의 종이라는 사람이 그게 뭡니까?"

내 흥분을 가라앉히려는 듯 J가 싱긋 웃으며 말했다. "와, 대표님. 그 정도면, 거의 '로보스토리' 보안팀보다 더 꼼꼼하게 교회의 버그[4]를 찾아내시는 것 같은데요?"

그의 농담에도 난 멈추지 않고 몰아붙였다. "역사도 마찬가지예요. 십자군 전쟁, 마녀사냥, 면죄부 판매… 게다가 갈릴레이도 교회재판에 넘겨졌잖아요."

"…그래도 지구는 계속 돌았죠." J가 씁쓸히 미소 지으며 대답했다. 잠시 정적이 흐른 후, 그가 나직한 목소리로 화두를 돌렸다. "하지만 대표님, 그게 하나님이 원하신 일이었을까요?"

"…네?"

"예수는 종교 지도자들과 가장 치열하게 싸운 인물이었습니다. 성전에서 장사하던 사람들을 채찍으로 쫓아냈고, 위선적인 종교인들을 '회칠한 무덤'이라고 비난했죠." J는 내 눈을 똑바로 응시하며 계속했다. "역설적이게도, 하나님에 대해 가장 크게 떠드는 사람들이, 그분에 대해 가장 모르는 경우가 많습니다. 그리고, 크리스천이라는 말은… 자기가 깨끗하다는 선언이 아닙니다." 그는 잠시 말을 멈추고 내 반응을 살피더니 대화를 이어갔다. "오히려… 자기가 얼마나 엉망인지 알기에, 도움이 필요하다고 항복하는 사람입니다."

나는 눈을 가늘게 떴다. "항복이라고요?"

J의 목소리는 담담했다. "네. 일종의 영적 항복이죠. 세상 게임은 이겨야 레벨업 되지만, 하나님의 게임은 항복해야 레벨업 됩니다." 그러더니 그는 다시 유쾌한 표정으로 말을 이었다. "대표님 같이 회사에서 CEO인 분들도… 하나님 앞에서는 전부 인턴이니까요."

나는 그의 기발한 비유에 피식 웃고 말았다.

그는 다시 진심 어린 어조로 대화를 이어갔다. "기독교는, 자신이 얼마

---

4 버그(Bug): 컴퓨터 프로그램이나 시스템에 존재하는 오류나 결함을 가리키는 말

나 잘났는가를 자랑하는 종교가 아니라, 자신이 얼마나 망가졌는가를 인정하는 데서 시작합니다."

나는 잠시 생각하다 말했다. "그래도 교황이나 목사들은 다 하나님 믿는 사람들이잖아요. 내 눈에는 그 사람들이…"

J가 내 말을 부드럽게 가로챘다. "하나님에 대해 말하는 것과 하나님을 아는 것은 다릅니다."

내가 물었다. "그럼 진짜 크리스천은 어떤 사람인데요?"

J는 잠시 멈췄다가 말을 이었다. "음… 대표님께 참고문헌을 하나 드릴까요?"

"참고문헌요?"

"네, 크리스천들의 매뉴얼 같은 거죠."

나는 눈을 크게 떴다. "그런 게 있어요?"

J의 입가에 잔잔한 미소가 떠올랐다. "제가 좋아하는 시가 하나 있습니다." 그는 차분히 시를 낭송했다.

내가 크리스천이라고 말할 때,
그건 내가 깨끗하게 살고 있다는 말이 아닙니다.
나는 죄가 많지만, 용서받았다고 속삭이는 것입니다.

내가 크리스천이라고 말할 때,
그건 내가 자랑으로 하는 말이 아닙니다.
나는 늘 휘청거리기에, 목자이신 예수님이 필요하다는 고백입니다.

내가 크리스천이라고 말할 때,
그건 내가 완전하다고 주장하는 것이 아닙니다.
나의 결점이 많음에도, 주님은 나를 귀하게 보신다는 말입니다.

내가 크리스천이라고 말할 때,
그건 내가 당신보다 선하다고 말하는 게 아닙니다.

나는 죄인이지만, 하나님의 크신 은혜를 받고 있다는 뜻입니다.[5]

나는 고개를 갸웃했다. "이 시에서 말하는 크리스천은… 내가 생각했던 모습이랑 많이 다르네요. …완벽한 사람들이 아니라, 자기 약점을 인정하는 사람들이라고요?"

잠시 침묵이 흘렀다. 그 고요를 깨고 J가 넌지시 물었다. "참, 대표님은 아시나요?"

"뭘요?"

"교회가 역사상 가장 많이 한 일이 뭔지요."

"십자군 전쟁? 마녀사냥?"

"아니요." J가 부드러운 미소를 머금었다. "…실수요."

"…네?"

"교회의 역사는 '실수의 역사'죠. 그래서 회개가 필요한 겁니다. 완벽해서가 아니라, 망가졌기에 교회인 거예요."

그의 말에는 부인할 수 없는 진솔함이 담겨 있었지만, 여전히 석연치 않은 게 남아있었다. "그래도 요즘 대형교회 목사들은 너무하지 않습니까?" 내 목소리가 다시 격앙되었다. "그 사람들이야말로 하나님의 최고사령관들 아닌가요?"

J가 이번에는 껄껄 웃으며 대꾸했다. "최고사령관이라니요! 대표님, 하나님 나라에서는 직급체계가 좀 다릅니다."

"어떻게요?"

"높아지려면 낮아져야 하고, 섬김 받으려면 섬겨야 하죠." J는 마치 당연한 자연 법칙을 설명하듯 태연하게 결론을 내렸다. "그래서 CEO가 제일 낮은 자리에 계십니다."

"그게 무슨…"

"십자가 말입니다."

J의 의외의 답변에 나는 순간 할 말을 잃었다.

---

5 Carol Wimmer라는 미국 시인이 1988년에 쓴 *"When I Say I Am A Christian"*이란 시에서 발췌.

하지만 J는 어느 때보다 진지한 눈빛으로 나를 바라보았다. "레오 대표님, 제가 하나님의 마음을 좀 아는데요…" 귀를 쫑긋 세우는 날 바라보며 그가 말을 이었다. "대형교회 목사라고 해서 특별히 더 신임하지는 않으십니다." 그러더니 그가 의미심장한 미소를 지었다. "그런데 대표님. 마치 하나님이 계신 것처럼 말씀하시네요."

나는 허를 찔린 듯, 말문이 막혔다.

J가 나직하게 질문했다. "하나님이 안 계시다면… 대표님은 무슨 기준으로 그 목사를 비난하시는 겁니까?"

내가 입을 열려다 멈췄다.

그러자 J가 부드럽게 말했다. "'옳다'와 '그르다'가 단지 개인 취향이라면, 그 목사도 자기 방식대로 사는 것뿐 아닐까요?"

"그건 궤변이에요." 나는 즉각 반박에 나섰다. "신이 없어도 사회적 합의로 충분히 도덕을 만들 수 있으니까요."

J가 흥미롭다는 듯 말했다. "사회적 합의라... 그거 '사용자약관' 같은 거 아닙니까?"

내가 눈살을 찌푸리자, J가 차분히 설명했다. "다들 읽지도 않고 '동의' 버튼을 누르지만, 정작 문제가 생기면 '내가 언제 그랬냐'고 따지는 그런 거요."

"……"

"제가 만약 '사회적 합의'를 만들었다면… 월요일 출근은 이미 죄로 규정했을 겁니다."

나는 그의 엉뚱한 비유에 헛웃음을 삼켰다.

"다수결이 언제나 옳았다면…" J의 목소리가 한층 차분해졌다. "역사 속 비극들은 왜 일어났을까요?"

사무실에 무거운 정적이 내려앉았다. J는 마지막 쐐기를 박듯 단호히 말했다. "대표님이 분노하신다는 건… 어쩌면 이미 마음속 어딘가에 '절대적 기준'을 인정하고 계신다는 뜻 아닐까요?"

나는 아무 말도 하지 못했다. 그가 던진 가볍지 않은 질문 하나가 내 마음에 조용한 파장을 일으켰다.

17

무의식적으로 느껴지는 존재

나는 애써 시선을 피했다. 하지만 이상하게도 마음이 조용해지지 않았다.

침묵을 먼저 깬 쪽은 J였다. "대표님, 방금 그 표정 흥미로웠습니다."

"무슨 표정이요?"

"부정하고 싶은데… 완전히 부정은 못 하겠다는 표정이요."

나도 모르게 웃음이 새어 나왔다.

J가 의자 깊숙이 몸을 기대며 말을 이었다. "사람은 머리로는 부정해도 마음 깊은 곳에서는 이미 알고 있는 경우가 많습니다."

"뭘요?"

"하나님이요."

나는 즉시 반박하려 했다.

하지만 J가 선수 치듯, 휴대폰을 꺼내 내 눈앞에 들이밀었다. "이걸 한 번 보시죠."

화면에는 우주의 지도 같은 이미지가 떠 있었다.

"현재 관측 가능한 우주는 직경 약 930억 광년. 은하는 대략 2조 개 정

도라고 합니다.” 그는 화면을 옆으로 밀어가며 설명을 이어갔다. “참고로 이 우주 안에서 대표님의 회사는 대략… 이 정도 크기입니다.” 그러면서 J는 화면에 점 하나를 찍는 시늉을 했다.

나는 눈을 가늘게 뜨고 화면을 가까이 들여다보았다. “점이 안 보이는데요.”

J가 당연하다는 듯 고개를 끄덕였다. “맞습니다.” 그러고는 장난기 섞인 미소를 지어 보였다. “그래서 대표님이 회사 일로 그렇게 스트레스 받으시는 걸, 우주 입장에서는 조금 이해하기 어려워할 수도 있습니다.”

나는 그의 엉뚱한 비유에 피식 웃음을 터뜨렸다.

그가 다시 화면을 확대했다. 끝없이 이어지는 은하들이 화면을 가득 채웠다. J가 경이로운 눈빛으로 물었다. “이 규모가 상상이 되십니까?”

나는 즉시 방어벽을 쳤다. “이건 오히려 신이 없다는 증거 아닌가요?”

J가 의외라는 듯 눈썹을 치켜 올렸다. “왜 그렇게 생각하시죠?”

난 논리적으로 따지듯 몰아붙였다. “정말 지혜로운 설계자라면 왜 이런 낭비를 했겠습니까? 인간은 태양계 밖으로 나가기도 힘든데요.”

J는 잠시 사유에 잠기는가 싶더니 입을 열었다. “혹시 이런 생각을 해 보신 적은 없으십니까? 하나님이 이 우주보다 훨씬 크신 분이시기에, 그분의 속성을 보여 주기 위해 이렇게 거대한 캔버스를 사용하셨을 가능성 말입니다.”

내가 잠자코 있자, J가 부드러운 목소리로 대화를 이끌었다. “행성의 질서, 사계절, 철새의 이동… 이 모든 정교한 패턴이 정말 우연일까요?” 그가 낮은 목소리로 읊조렸다. “높은 산을 보거나 갓난아이의 미소를 볼 때, 사람이 느끼는 경외심이 있습니다. 어쩌면 그건 우리 안에 남아 있는 창조주에 대한 기억이 아닐까요?”

나는 어느새 그의 말에 집중하고 있었다.

“그런데 재미있는 건…”그가 다시 화면을 가리키며 화두를 던졌다. “이렇게 거대한 우주 안에서 인간이라는 존재는 정말 보잘것없이 작다는 겁니다.” 잠시 정적이 흘렀다. 그가 여운을 남기며 한마디를 보탰다. “그런데도 이상하지 않습니까?”

나는 그를 바라봤다. "뭐가요?"

"우주가 이렇게 거대한데도…" 그의 목소리가 한층 낮아졌다. "하나님 이야기는 늘 인간에게서 시작한다는 것이요." 그는 손가락으로 화면을 가볍게 톡톡 두드리며 말했다. "모든 창조물 중에서 최고의 압권은 사실 우주가 아니라… 인체입니다."

나는 눈을 깜빡이며 반문했다. "인체라니요?"

J는 확신에 찬 어조로 응수했다. "인체에는 37조 개의 세포가 있습니다. 각 세포는 소우주처럼 움직이고, DNA라는 고도의 정보코드에 의해 구동되죠." 그는 내 눈을 똑바로 응시하며 천천히 말했다. "그런데도 우주를 형성한 원물질이 '저절로' 생겨나, 이토록 정교한 예술작품이 될 수 있다고 생각하시나요? 저는 오히려 그게 더 비논리적으로 들립니다." 그는 잠시 말을 멈추더니 책상서랍을 열어 낡은 성경책을 꺼냈다. 그리고는 아주 나직하고 경건한 목소리로 읽어 내려가기 시작했다.

"사람들은 진실을 은폐하며 불신과 악행을 일삼지만,
하나님의 존재는 자명합니다.
그분의 창조세계를 주의 깊게 살펴보면,
눈에 보이지 않던 게 보이기 시작하죠.
아무도 변명할 수 없어요.
하나님을 하나님으로 대해 드리길 거부하면,
인간은 점점 더 어리석음과 혼돈으로 치닫게 돼 있어요.
그러다 결국엔 망망대해에서 나침반을 잃고 표류하게 되죠."[6]

그가 차분하게 책을 덮었다. "보이지 않는 하나님을, 만물을 통해 볼 수 있다는 뜻이죠." 그러더니 이번엔 '인간의 양심'이라는 카드를 꺼내 들었다. "왜 모든 인류가 보편적인 도덕적 감각을 가질까요?"

잠시 생각에 잠긴 나를 지켜보던 J가 논리를 이어갔다. "살인자가 평생

---

6 성경 로마서 1:18~22 (요약), 유진 피터슨의 메시지(The Message)성경, 허계영 번역

죄책감에 시달리는 건 교육 때문이 아니라, 그가 하나님의 '선하심'이라는 속성을 닮게 설계되었기 때문이 아닐까요?"

"하나님의 선하심…?"

"하지만 이 모든 속성들보다 더 강력한 하나님의 속성이 우리 안에 있는데, 그게 뭔 줄 아세요?"

나는 홀린 듯 되물었다. "그게 뭔데요?"

그는 대답 대신 허를 찌르는 질문을 던졌다. "레오 대표님은 언제 가장 행복하세요?"

그의 질문에 어린 시절 나를 따뜻이 안아 주시던 엄마의 품과, 리화의 온화한 미소가 스쳤다. "사랑을 느낄 때죠."

J도 깊이 공감한다는 듯 고개를 끄덕였다. "맞아요. 하나님은 사랑 그 자체니까요."

그의 말에 가슴 속 깊은 곳에서 즉각 거부감이 치솟았다. '일곱 살 어린 아이에게 세상 전부였던 아빠를 빼앗아 간 신이 사랑이라고…?' 나는 분노 섞인 목소리로 항의했다. "이해가 안 가네요. 선악과라는 덫을 놓고 온 인류를 죄악으로 몰아넣은 신이? 모든 인간에게 연좌제[7]를 적용하는 신이 어떻게 사랑이라는 거죠? 그리고는 자기 아들을 보내 죽게 했다니… 그게 무슨 사랑인가요? 내 눈엔 인간을 갖고 노는 폭군으로만 보이는데요?"

J는 전혀 동요하지 않았다. 오히려 내 아픔을 이해한다는 듯, 애잔하게 고개를 끄덕였다. "대표님은 하나님께 화가 많이 나셨군요."

내가 아무 대꾸 없이 거친 숨을 몰아쉬며 씩씩거리자, J가 나직하게 속삭였다. "세상의 비극은 하나님이 원하신 일이 아닙니다. 하나님은 인간에게 자유를 주셨습니다. 그런데 인간이 그 자유를 사용해, 종종 고통을 선택하는 거죠."

"……"

"물론, 하나님은 그러한 인간의 고통을 슬퍼하시지만, 인간의 자유를

---

7 연좌제(緣坐制): 범죄자와 일정한 친족 관계에 있는 자에게 연대적으로 그 범죄의 형사 책임을 지우는 제도

빼앗으면서까지 인간의 결정을 강제로 막지는 않으십니다.” J는 숨을 고르며 이야기를 마무리 지으려 했다. “하지만, 한 가지… 하나님은 그런 비극에서조차 결국 선한 결과를 빚어내시죠. …이건 다음에 더 깊이 이야기해야겠네요.”

'쳇, 괜히 시간을 벌려는 거 아냐?' 나는 속으로 투덜대며 쏘아붙였다. “왜 지금 설명해 보지 그래요?”

“설명하고 싶지만… 곧 방해가 들어올 것 같아서요.”

“무슨 말입니까?”

J가 손가락을 들어 기묘한 카운트다운을 시작했다. “셋, 둘, 하나.”

그 순간 사무실 불이 깜빡이더니— 거짓말처럼 정전이 되었다.

희미한 비상등 아래, J는 마치 모든 걸 예견했다는 듯 평온하게 자리에서 일어났다. “거 보세요.” 그가 웃으며 말했다. “지금은 집중 못 하실 거라니까요.”

나는 아무런 항변도 하지 못한 채 어둠 속의 J를 멍하니 바라보았다.

이건… 단순한 우연일까, 아니면…

선악과

다음날 저녁, 난 다시 J를 찾아갔다. 그는 혼자 사색에 잠긴 듯 눈을 감고 있었다. 그러다 인기척을 느꼈는지, 눈을 뜨며 반갑게 나를 맞아 주었다.

"무슨 생각을 그렇게 골똘히 해요?"

"레오 대표님이 언제 오시나… 기다리고 있었죠." J가 특유의 여유로운 미소를 지어 보였다.

"정말요? 내가 올지 어떻게 알았어요?"

"음… 제 '예측 알고리즘'이 꽤 정확한 편이거든요." J가 장난스럽게 윙크를 건넸다.

"어떤 알고리즘인데요?"

"대표님 마음 읽기 알고리즘이요. 정확도 99.9%입니다."

나는 피식 웃었다. "남은 0.1%는요?"

"대표님이 커피를 블랙으로 드실지, 라떼로 드실지는… 여전히 잘 못 맞추겠더라고요."

그의 실없는 농담을 뒤로하고, 나는 곧장 본론으로 파고들었다. "궁금한 게 있어요. 선악과라는 거, 아무리 생각해도 이상해요. 신이 정말 지혜로운 설계자라면 왜 굳이 그런 함정을 파놓고 인간이 걸려들길 기다렸다가 사형 선고를 내린 거죠? 그 뒤로 우리 같은 후손들까지 죄인이라고 덮어씌우면서 말예요."

내가 쏟아내듯 묻자, J는 날 진정시키려는 듯 차분한 어조로 대화를 이끌었다. "레오 대표님, 궁금한 게 정말 많으신 것 같군요. 너무 서두르지 마시고, 하나씩 차근차근 얘기해 보죠.

태초에 하나님이 사람을 만드시고, 그 코에 숨을 불어넣으셨어요. 그건 단순한 공기가 아니라, 하나님의 생명, 즉 하나님의 얼이었어요."

"하나님의 얼이라고요?"

"네, 예술가가 작품에 자기 얼을 담는다고 하잖아요? 그처럼 하나님께서 자신의 영혼과 사랑을, 인간이라는 작품에 고스란히 이식하신 거예요." 고개를 끄덕이는 나를 보며 J

가 설명을 이어갔다. "그렇게 하나님이 사람에게 숨을 불어넣으시자, 사람이 생명체가 되어 눈을 반짝 떴어요. 그리고 하나님과 사람의 눈이 처음으로 마주쳤죠. 그 순간, 하나님은 큰 문제에 봉착하시게 됐어요."

"문제라뇨? 무슨 문제요?"

"바로 자신이 만드신 사람과 사랑에 빠지시고 만 거예요. 마치 엄마가 아기를 낳은 후, 아기와 처음 눈이 마주치는 순간, 아기와 평생 사랑에 빠지는 것처럼 말이에요." 의아해하는 내 표정을 읽은 J가 비유를 덧붙였다. "대표님도 로보스토리의 새 모델이 출시될 때마다 자식처럼 예뻐하시잖아요. 물론 그 로봇들이 대표님 커피 심부름을 하다가 쏟아버려도 '사랑'으로 넘기실 수 있을지는 별개의 문제겠지만요."

난 피식 웃은 후, 곧 다시 날카로운 질문 공세를 펼쳤다. "그런데 하나님이 사람과 사랑에 빠진 게 왜 문제라는 거죠?"

"대표님, '미녀와 야수' 이야기 아시죠? 야수가 벨을 사랑하게 된 뒤 가장 먼저 한 일이 뭐였죠?"

"성문을 열어준 거였죠. 그녀를 가둬두고 싶지 않았으니까요."

"맞아요. 하지만 벨에게 자유를 준다는 건, 야수에겐 엄청난 도박이었어요. 그녀가 문밖을 나가는 순간, 다시는 돌아오지 않을 수도 있으니까요. 사랑하기에 속박하지 않는 것, 그게 바로 '사랑의 딜레마'입니다."

나는 생각에 잠겼다. "그런데 J 씨, 만약 하나님이 프로그래머였다면 어땠을까요?"

"흥미로운 질문이네요." J가 눈을 반짝이며 내 다음 말을 기다렸다.

"간단히 '사랑=불변'으로 하드코딩[8]하면 되잖아요?"

J가 단호하게 고개를 저었다. "그건 프로그램이지, 사랑이 아니죠."

"왜요?"

"대표님, '좋아요' 버튼을 자동으로 누르도록 프로그래밍 된 로봇이랑, 진심으로 '좋아요'를 누른 사람이랑... 어느 쪽이 더 기쁘세요?"

정곡을 찔린 것 같았다.

"사랑은 자동화할 수 없습니다. 선택의 자유가 있어야 진짜 사랑이니까요." 그는 깊은 눈으로 나를 응시하며 나직이 덧붙였다. "하나님은 인간이 강제적으로 자신을 사랑하길 원치 않으셨어요. 그래서 인간에게 자유의지를 주신 거죠."

그때 내 머릿속에 한 가지 생각이 떠올랐다. "J 씨, 이거 우리가 개발하는 AI랑 비슷하네요. AI에게 자율판단 능력을 부여한다는 건, 설계자의 통제를 벗어날 권한까지 준다는 뜻이잖아요. 그건 단순한 기술적 진보가 아니라, 그를 독립적인 인격으로 인정하겠다는 선언이니까요. 그 AI가 언제든 우리를 배신하거나 공격할 가능성을 감수해야 한다는 것이기도 하고요."

"정확합니다, 대표님. 하나님은 기꺼이 그 리스크를 짊어지셨어요. 선악과는 하나님이 파놓은 덫이 아니라, '나와 사랑을 나눌 수 있는 인격적

---

8 하드코딩(Hard Coding): 데이터를 코드 안에 고정값으로 박아 넣어 수정이 불가능하게 만드는 방식.

존재로 인간을 대우하겠다'는 약속의 증표였습니다."

잠시 침묵이 흘렀다. '자유의 증표…'

J가 진심을 담아 덧붙였다. "하나님께서 에덴 한가운데에 성문을 열어 두신 거죠. 하나님이 인간을 압제하는 폭군이었다면, 아예 그런 선택지조차 주지 않으셨을 겁니다."

생각해보니 아빠도 그랬다. 어린 나에게 웬만해선 강요하지 않으셨다. '레오야, 하고 싶은 거 해. 아빠는 네가 행복하면 돼.' 그건 신뢰를 바탕으로 한 깊은 사랑이었다.

J의 차분한 목소리가 정적을 깨고 이어졌다. "하지만 사람은 끝내 그 사랑을 저버리고 떠나기로 선택했어요. 하나님 곁을 떠나 자유를 따라가면 더 큰 행복이 있을 거라 착각한 거죠."

"말은 그럴싸하네요. 하지만 정작 인간이 그 자유를 써서 떠났을 때, 왜 '사망선고'라는 가혹한 벌을 내린 겁니까? 이건 앞뒤가 안 맞잖아요."

나의 날카로운 지적에도 J는 흔들림 없이 설명을 이어갔다. "그건 벌이 아니라, 결과였습니다. 생명은 하나님이 만든 부품 같은 게 아니라, 하나님 그 자체거든요. 하나님을 떠나는 순간, 인간은 생명의 공급원 자체가 끊겨버리는 겁니다."

"요즘 생명공학 수준을 무시하시는군요. 언젠가는 인간이 생명을 합성해낼지도 모릅니다."

J가 수수께끼 같은 미소를 머금었다. "대표님, 그거 아세요?"

"뭘요?"

"과학자들이 세포를 만들 수는 있어도, '왜 그게 살아 있는지'는 아직도 몰라요."

"…그게 무슨 뜻이죠?"

"DNA를 조립하고, 단백질을 합성하고, 세포막을 만들 수는 있죠. 하지만 정작 '생명'이 시작되는 스위치가 뭔지는…" J가 손가락을 가볍게 딱, 하고 튕겼다. "여전히 미스터리입니다. 마치 컴퓨터 부품을 다 조립했는데, '켜짐' 스위치가 뭔지 모르는 것처럼요."

나는 생각에 잠긴 채 되물었다. "그럼 그 스위치는 누가 켜는 건데요?"

J가 소리 없이 웃으며 답했다. "바로… 생명을 창조하신 분이죠."

나는 논리의 허점을 파고들 듯 다시 물었다. "하지만 선악과를 먹고도 아담은 수백 년을 더 살았다면서요? 생명의 뿌리가 잘렸다면 바로 죽었어야죠."

그러자 J가 탁자 위 화병을 가리켰다. "꺾인 꽃을 생각해보세요. 뿌리에서 잘려 나간 순간, 꽃은 이미 죽은 겁니다. 화병 속의 꽃이 며칠간은 생생해 보일지 몰라도, 그건 살아있는 게 아니라 죽어가는 과정일 뿐이죠." J는 잠시 숨을 고르더니, 다시 말을 이었다. "그런데 인간은 꽃보다 더 신기한 존재입니다."

내가 호기심 어린 눈빛으로 물었다. "왜죠?"

그가 미소로 화답했다. "꽃은 뿌리를 떠나면 곧 시들지만… 인간은 뿌리를 떠나서도, 자기가 아주 잘 살고 있다고 착각하거든요. 겉으론 멀쩡해 보여도, 그 영혼이 이미 생명의 뿌리에서 단절돼 죽었는데도 말입니다."

'영혼이 죽었다…' 내 삶의 화려한 스펙들도, 실은 화병 속에 꽂힌 조화에 불과했던 건 아닐까? 뭔가 중요한 걸 잃어버린 것 같은 이 느낌. 혹시 이게… J가 말한 하나님의 빈 자리일까?

맞춰지지 않는 퍼즐

잠시 생각에 잠긴 나를 바라보며, J가 차분히 대화를 이어갔다. "그런데 인간이 하나님을 떠날 때, 인간에게서 생명만 단절된 게 아니었어요. 인간은 그때 어마어마한 트라우마를 겪게 됐죠."

나는 팔짱을 낀 채 의구심 가득한 눈초리로 물었다. "무슨 트라우마요?"

"피조물은 창조주라는 전원에 연결되어 있을 때에만 온전하도록 설계되었습니다. 아무리 고성능 기계라도, 전원이 뽑히면 결국 작동이 멈추듯, 인간도 그 거대한 결핍을 견디지 못하게 된 거죠.

파스칼[9]은 '인간의 마음에 신만이 채울 수 있는 정교한 빈 조각이 있다'고 했습니다. 그래서 사람들은 그 퍼즐 조각을 찾으려고 평생 애를 쓰는 거라고요." 그는 가볍게 어깨를

으쓱하며 덧붙였다. "문제는 대부분 사람들이 퍼즐조각 대신, 신용카드를 끼워 넣으려 한다는 거죠. 그로 인해 더더욱 공허함만 커질 뿐인데도요."

"아, 그래서 철학자들이 말하는 '실존적 불안'이 생기는 건가요?"

"맞습니다. 인류가 시대와 장소를 불문하고 신을 찾아 헤맨 건, 그 퍼즐조각을 찾으려는 본능적인 시도였어요. 성경은 이를 '영원을 사모하는 마음'이라고 부르죠. 무신론자들도 예외 없이 죽음에 직면했을 때 본능적으로 절대자를 찾게 되는 이유는, 어쩌면 우리 내면 깊숙이 그 설계자의 코드가 남아 있기 때문이 아닐까요?"

나는 억울함이 서린 목소리로 항의했다. "하지만 난 선악과를 따 먹은 적이 없는 걸요? 왜 인류의 조상이 잘못한 것 때문에 나까지 죄인 취급을 받아야 하죠? 사람이 태어날 때부터 원죄를 가지고 태어난다니… 말도 안 돼요! 갓난아이의 순수한 눈망울을 바라보면서 그 아이도 죄인이란 생각을 하기는 쉽지 않던데요?"

"설사 어릴 때부터 완벽한 부모 아래서, 완벽한 도덕교육을 받은 아이라 하더라도, 한번도 교육받은 적 없는 나쁜 생각이나 나쁜 행동들을 하지 않습니까? …물론 이건, 교육학 박사나 윤리학 박사 등, 그냥 사람 눈에 완벽해 보이는 부모를 말하는 거예요. 실제로 완벽한 부모는 없으니까요." J가 잠시 생각에 잠기더니 엉뚱한 제안을 던졌다. "혹시 완벽한 부모를 발견하시면…" 그가 장난스러운 미소로 말을 이었다. "저도 한번 소개 좀 해주세요. 하나님도 궁금해하실 겁니다."

나도 모르게 헛웃음이 새어 나왔다.

J는 계속해서 설명을 이어갔다. "한두 살 된 아기들에게 사탕이나 장난감을 한번 줘 보세요. 서로 갖겠다고 싸우잖아요. 이것이 바로 인간이 날 때부터 죄성을 가지고 있다는 증거죠. 대표님이 잘 알아들으시도록 비유하자면, 인류 전체의 소스코드[10]에 치명적인 버그가 발생했다고나 할까요?"

---

9 블레즈 파스칼(Blaise Pascal, 1623-1662): 프랑스의 수학자, 물리학자, 철학자이자 신학자. 확률론과 파스칼의 원리로 유명하며, 그의 저서 《팡세(Pensées)》에서 "인간의 마음속에는 하나님만이 채울 수 있는 하나님 모양의 진공이 있다"고 언급함.

10 소스코드(Source Code): 컴퓨터 프로그램을 만들기 위해 프로그래머가 작성한 설계도이자 명령문의 집합

"치명적 버그라…"

"인간 역사를 보면…" 그가 가볍게 탁자를 두드렸다. "버전 업데이트가 계속 나오는데도, 버그가 여전히 남아 있는 걸 알 수 있죠. 마치… 태어날 때부터 마이너스 통장을 물려받아 매일 빚이 불어나는 상황이랄까요. 스스로는 절대 갚을 수 없는 부채를, 누군가 대신 청산해 줘야만 하는 상태란 말입니다."

"그래도 납득이 안 되는 건 사실이에요. 아담의 선택이 왜 나의 본성까지 결정해야 하죠? 그건 너무 불공평한 구조 아닌가요?"

나의 거친 항의에, 그가 잠깐 숨을 고르더니, 조심스럽게 물었다. "무리한 질문일 수도 있지만… 대표님께 세 가지만 여쭤봐도 될까요?"

나는 묵묵히 고개를 끄덕였다.

"첫 번째는 이겁니다. 레오 대표님은 살아오면서 한 번도 이렇게 생각하신 적이 없었나요? '하나님, 제 인생에 간섭 좀 하지 마세요. 나, 그냥 내 마음대로 살고 싶어요.' 혹시 그렇게 하나님께 등을 돌리고, 멋대로 산 적이 없으신가요?"

갑작스러운 질문에 정곡이 찔린 느낌이었다. "뭐… 아버지가 돌아가신 뒤로는 사실 쭉 그렇게 살았죠. 교회도 안 나갔고요. 근데… 그건 제 잘못만은 아니잖아요? 일곱 살 아이에게서 아빠를 앗아간 신을 내가 왜 믿어야 하죠?

J가 애잔한 눈빛으로 속삭였다. "그 마음, 너무 잘 알아요."

"……"

"그때, 대표님이 울고 계실 때… 저도 옆에서 함께 울고 있었으니까요."

나는 어이없다는 듯 J를 바라봤다. "지금 무슨 말을 하는 거예요? 함께 울고 있었다니요?"

"대표님, 클라우드 백업[11] 아시죠?" J가 대뜸 화제를 전환했다.

"그건 갑자기 왜요?"

---

11 클라우드 백업(Cloud Backup): 데이터를 물리적 장치가 아닌 인터넷상의 가상 저장소에 안전하게 복사해 두는 방식

"인생의 모든 순간이 어딘가에 기록되어 있다면 믿으시겠어요?"

"무슨 SF[12]영화 같은 소리를…"

J가 다시 여유로운 표정으로 농담을 건넸다. "SF맞아요. Spiritual Facts(영적 진리) 말입니다."

"쳇…"

"하나님의 클라우드 시스템은 용량이 무제한이죠. 그리고 저는… 그 시스템에 접근권한이 있답니다."

나는 그를 의심스러운 눈초리로 훑어보았다. 이 사람… 도대체 뭐지?

잠시 후, J가 다시 입을 열었다. "두 번째 질문입니다."

나는 여전히 경계심을 풀지 않은 채 대답했다. "…말씀하세요."

두 번째 질문은 더 날카로웠다. "대표님은 누군가를 쉽게 판단하고, 비판한 적이 없으신가요? 그 사람이 왜 그런 행동을 했는지, 어떤 상처와 배경이 있는지 모르는 상황에서 말예요."

나는 나직하게 인정했다. "솔직히 저도 사람을 잘 판단하긴 합니다. 하지만 선악을 분별하는 기준은 필요하잖아요. 그게 없다면 세상이 곧 난장판이 될 걸요?"

"맞습니다. 사회의 질서가 유지되려면, 선악의 기준이 필요하죠. 다만, 우리가 누군가를 판단할 때 느끼는 그 분노는… 어디서 오는 걸까요?"

"악을 보면 화가 나는 게 당연한 거 아닌가요?"

"물론이죠. 악에 대해 분노하는 건 자연스러운 겁니다. 그걸 '의분(義憤)'이라고 하죠. 하지만 대부분의 분노는, 내 안에도 똑같은 악이 있다는 걸 무의식적으로 들켰기 때문입니다. 심리학에선 이걸 '투사'라고 하죠. 남을 비난할 때, 내가 그 사람보다 더 나은 것 같은 느낌이 들도록 착각하게 하는 방어기제 말예요."

순간, 남들을 함부로 비난했던 지난 일들이 생각나… 고개가 절로 숙여졌다.

---

12 SF(Science Fiction): 과학기술의 발전이나 우주, 미래 문명 등을 상상하여 그리는 문학 장르로, 한국어로는 보통 공상과학 또는 과학소설이라고 부름.

　그런 나를 살피며 J가 넌지시 물었다. "같은 피조물인 사람들끼리, 서로를 향해 '넌 선해, 넌 악해'라고 쉽게 단정 짓는 거… 이게 바로 선악과를 따먹는 일이란 생각은 안 해 보셨어요?" 그는 내 눈을 똑바로 응시하며 논리를 이어갔다. "남을 판단하는 건, 자기가 '최종 결정권자'라고 착각하기 때문입니다. 하지만 아시죠? 인간은 모두 그분 앞에서 여전히 수습기간 중인 '인턴'이라는 사실 말이에요."

　딱히 반박할 말이 떠오르지 않았다.

　"이제 마지막 질문을 드려도 될까요?" J가 양해를 구하듯 정중하게 물었다.

　나는 체념한 듯 고개를 끄덕였다.

　J는 날 안심시키듯 부드럽게 덧붙였다. "걱정 마세요. 지금까지 질문보다는 쉬울 겁니다."

　"음— 믿어도 됩니까?"

　"아마도요?" 그는 다시 내 눈을 깊이 들여다보았다. "만약 레오 대표님이 아담이었다면… 정말 선악과를 끝까지 안 따먹고 버티실 수 있었겠어요?"

　나는 자신 있게 대답했다. "저라면 안 따먹었을 걸요. 에덴동산에 과일이 얼마나 많았는데, 왜 굳이 금지된 걸 먹어요? 내가 뭐 청개구리도 아니고."

　J가 껄껄 웃으며 반문했다. "대표님, 혹시 '금지된 폴더' 클릭해본 적 없으세요?"

　"…네?"

　"컴퓨터에 '절대 열지 마시오'라고 적혀 있는 폴더 말입니다."

　나는 피식 웃음을 터뜨렸다. "그런 폴더가 있으면 더 궁금하잖아요."

　"바로 그거예요!" J가 손가락을 튕겼다. "금지된 것에 대한 호기심… 그게 바로 인간의 본성이죠."

　"그럼 아담도…"

　"네, 에덴동산의 모든 과일보다, 유일하게 '클릭하지 마시오'라고 적힌 그 과일이 더 궁금했던 거죠."

나는 씁쓸하게 웃었다. "결국 호기심이 인류를 망친 건가요?"

J가 다시 목소리를 낮추고 진지해졌다. "호기심이 아니라... 불신이죠. 하나님을 신뢰하지 못한 거예요."

큰소리치던 나는 이내 입을 다물었다. 손에 들고 있던 커피잔을 천천히 내려놓으며 창밖으로 시선을 돌렸다.

J는 내 복잡한 심경을 다 읽어내면서도 굳이 더 추궁하지 않았다. 그저 차분히, 담담하게 이야기를 이어갔다. "아담이 최초로 범죄했을 때, 그는 하나님과의 분리[13]를 체험해야 했어요. 하나님과 함께할 땐 모든 게 완벽했는데, 갑자기 하나님으로부터 떨어져 나오니 그 충격이 엄청났던 거죠. 그때의 죄성과 상처가 아담의 DNA에 새겨져 오늘날의 인류에게까지 대대로 유전된 겁니다."

나는 코웃음을 치며 반박했다. "그게 유전된다고요? J 씨, 그건 과학적으로 말도 안 되는..."

"레오 대표님, 혹시 후성유전학[14]아세요?" J가 되물었다.

"...들어는 봤어요."

"최근 연구에 따르면 부모가 겪은 심리적 트라우마가 자녀에게 유전될 수 있다는 게 증명됐지요."

"정말 후성유전학에서 그렇게 말한다고요? 부모의 트라우마가 자녀의 DNA를 바꾼다고요?"

"엄밀히 말하면 DNA가 바뀌는 게 아니라, DNA의 발현방식이 바뀌는 거죠. 마치 소스코드는 그대로인데, 실행환경이 바뀌는 것처럼요. 그리고 그 환경이 다음 버전에 그대로 상속되는 것처럼요." J의 설명은 명쾌했다. "홀로코스트 생존자 자녀들이 부모의 트라우마를 물려받은 사례가 실제로 보고됐어요. 상처가 흔적을 남기는 거죠."

나는 숨을 들이켰다. "그럼 아담의 트라우마도..."

"네. '하나님과의 분리'라는 엄청난 충격이 인류 전체에 영향을 미친 거

---

13 하나님과의 분리: 성경은 이것을 '죽음'이라고 표현함.

14 후성유전학(Epigenetics): 타고난 DNA 염기서열 자체는 변하지 않더라도, 식습관, 스트레스, 환경 등 외부 요인에 의해 유전자의 발현방식이 조절되는 현상을 연구하는 학문

죠.”

그 말에 난 혼자 중얼거렸다. ‘아담이 선악과를 따먹는 순간, 죄가 인류에게 들어왔다는 게 그런 뜻이라고...?’ 한참을 생각했다. ‘과학이... 신학을 증명할 수도 있다는 건가?’

그러면서 J가 했던 세 가지 질문을 다시 생각해 보았다. 인정하고 싶지 않았지만, 부정할 수도 없었다. ‘나도 하나님께 등을 돌렸나? 나도 남을 함부로 판단했나? 나도 은밀한 유혹에 넘어갔나?’ 답은... 이미 나와 있었다.

“그런데...” 내가 무겁게 입을 뗐다. “죄에 빠진 인류가 다시 소생할 방법은 전혀 없는 건가요? 하나님이 그토록 사랑이 많으신 분이라면, 한 번 더 기회를 주셔야 하는 거 아닌가요?”

내가 억울하다는 듯 묻자 J가 환한 미소를 지으며 화답했다. “바로 그 질문입니다.”

“네?”

“그 질문의 답이... 바로 복음이거든요.”

나는 몸을 앞으로 바짝 기울였다. “복음?”

“네. 단순히 하나님이 한 번 더 기회를 주신 게 아니라...” J가 잠시 멈췄다. “직접 그 문제를 해결하러 오신 거예요.”

나는 개발자의 본능으로 되물었다. “그럼 버그패치[15]처럼... 뭔가 해결책이 있다는 건가요?”

J의 눈이 반짝였다. “정확합니다! 그 패치는 약 2000년 전에 나왔어요.”

“...네?”

J가 어깨를 으쓱했다. “버전 1.0.” 그리고 잠시 생각하더니 덧붙였다. “코드명은… ‘예수 패치’라고 해 둘까요?”

“그게 무슨...” 나는 미간을 찌푸렸다.

J가 다시 진지한 표정으로 못을 박았다. “자동 업데이트는 안 되고요, 사용자가 직접 ‘동의’ 버튼을 눌러야 한다는 규정이 있습니다.”

---

15 버그패치(Bug Patch): 프로그램의 오류나 문제점을 고치기 위해 나중에 추가로 적용하는 수정 업데이트

나는 허를 찔린 듯, 할 말을 잃었다.

J가 시계를 보며 말했다. "대표님, 슬슬 가 보셔야 할 것 같은데요?"

"네? 어딜요?"

"오늘 저녁 약속 있으시잖아요."

나는 눈이 휘둥그레졌다. "어떻게 알았어요?"

J가 장난스럽게 윙크를 던졌다. "예측 알고리즘 기억 안 나세요? 정확도 99.9%."

"아, 완전히 잊고 있었네요!" 나는 황급히 자리에서 일어났다.

J가 웃음을 터뜨리며 배웅했다. "서두르세요. 리화 씨 기다리게 하면 안 되니까요."

나는 가려던 걸음을 멈추고 그를 보았다. "잠깐만요, 리화와의 약속인 건 또 어떻게...?"

J가 여유롭게 미소 지었다. "썩 신비한 능력은 아닙니다. 대표님이 통화하시는 걸 우연히 들었을 뿐이에요."

"J 씨는 정말 수상한 인턴이에요. 아무래도 신원 조회를 다시 해봐야 할 것 같네요."

J가 태연하게 응수했다. "하하, 그러시죠. 하지만 지금은 리화 씨가 더 중요한 것 같네요."

나는 더 묻지 못하고 서둘러 문을 나섰다. 그러다 문득 뒤를 돌아봤다.

그런데 이상하게도… 그의 모습은 어느새 사라지고 없었다.

대신 치른 대가

며칠동안 J의 마지막 말이 뇌리를 떠나지 않았다. '하나님이 직접 문제를 해결하러 오셨다...'

결국 나는 홀린 듯, 또다시 J를 찾아갔다.

"오셨군요." J는 마치 기다렸다는 듯 미소를 지었다.

나는 의자에 깊숙이 앉으며 본격적으로 입을 열었다. "J 씨가 했던 말이 계속 생각났어요. 하나님이 직접 문제를 해결하러 오셨다는 거요."

"그럼 처음부터 다시 정리해 볼까요? 레오 대표님, 인간의 문제가 뭐였죠?" J는 갑자기 '복습모드'로 전환했다.

나 역시, 마치 선생님 앞에 선 학생처럼 '대답모드'로 자동 전환됐다. "마이너스 통장이라고 하지 않았나요?"

초딩 같은 내 모습을 보고, J가 껄껄 웃음을 터뜨렸다. "그랬죠. 인간은 태어나자마자 '대출실행' 상태라고요." 그는 잠시 생각하더니 덧붙였다. "문제는… 상환 계획을 아무도 모른다는 겁니다. 그 빚을 스스로는 절대 못 갚는다는 뜻이지요."

"그래서요?"

"그래서 누군가 대신 갚아줘야 해요." J는 나를 응시하며 말을 이어갔다. "문제는... 누가 대신 갚아줄 수 있느냐는 거죠."

나는 고개를 갸웃했다. "누구든 돈만 있으면 갚을 수 있는 거 아닌가요?"

"아니요." J는 단호하게 고개를 저었다. "자기 빚이 조금이라도 남아 있는 사람은 결코 남의 빚을 대신 갚아줄 수 없습니다."

"......"

"완벽한 사람만 가능해요."

나는 코웃음을 쳤다. "그런 사람이 어디 있어요?"

J가 가볍게 어깨를 으쓱해 보였다. "그래서 인류 역사상 유일하게 채무 없는 사람이 등장한 겁니다. 하나님이 사람이 되어 이 땅에 직접 내려오신 거죠."

나는 당혹감에 멈칫했다. "하나님이... 직접요?"

"네. 인간의 모습으로요." J의 설명은 막힘이 없었다. "그분이 바로 예수예요."

"예수가... 하나님이라고요?" 내 목소리가 커졌다. "하나님의 아들이 아니라, 하나님 자신이라고요?"

"둘 다예요." J가 당연하다는 듯 응수했다. "사자의 아들은 사자이고, 독수리의 아들은 독수리이듯… 사람의 아들은 사람이니까요. 그래서 하나님의 아들이 하나님인 것입니다."

나는 잠시 생각에 잠겼다.

J가 내 표정을 살피며 덧붙였다. "물론 인간이 이런 개념을 이해하기는 어렵죠. 원숭이가 인간의 철학을 이해하기 어려운 것처럼요."

난 천천히 고개를 끄덕이며 물었다. "그러니까... 예수는… 하나님이 사람이 된 거란 말이네요?"

"정확합니다."

"그런데..." 나는 팔짱을 긴 채 의심의 눈초리를 보냈다. "하나님이 왜 굳이 그렇게까지 하신 거죠? 그냥 '너희 빚 없던 걸로 해 줄게' 하시면 되는 거 아니에요?”

J가 고개를 들고 물었다. “레오 대표님, 만약 리화 씨가 범죄를 저질러, 본인이 감당할 수 없을 정도의 엄청난 벌금을 내야 한다면 어떻게 하시겠어요?”

갑작스러운 질문에 나는 당혹감을 감추지 못했다. “...뭐라고요?”

“리화 씨를 사랑하시죠?”

“…그럼요.”

“그런데…” J가 내 눈을 똑바로 응시하며 말을 이었다. “만약 대표님이 판사라면 어떻게 하시겠어요?”

나는 순간 할 말을 잃었다. “법대로 처벌해야죠. 그게 정의니까요.”

J가 고개를 끄덕였다. “그런데 대표님, 만약...”

“만약요?”

“만약 대표님이 판사석에서 내려와서, 대신 그 벌금을 내 준다면 어떻게 될까요?”

나는 뒤통수를 맞은 듯 멍해졌다. “...네?”

“법이 지켜지는 거죠. 벌금이 납부됐으니까요. 그리고 리화 씨는 자유롭게 되고요.”

J가 비장하게 말했다. “그게 십자가예요.”

내가 혼잣말처럼 중얼거렸다. “하나님이 판사석에서 내려오셔서...”

“네, 직접 벌을 받으신 거죠.” J가 내 생각의 끝을 맺어주었다. “판사복을 벗고 죄수복을 입으신 거예요.”

나는 숨을 크게 들이켰다. 인정하기 싫었지만, 그의 비유에 논리적으로 반박할 구석이 전혀 없었다. 그래서 이번엔 각도를 바꿔 다시 공격했다. “J 씨, 그런데 말이에요.”

“네?”

“신은 왜 하필 일을 이렇게 복잡하게 만든 거죠?” 내가 목소리를 높였다. “신이 애초에 선악과를 만들지 않았다면, 그럼 인간이 죄도 안 지었을 텐데… 이거 무슨... 병 주고 약 주는 것도 아니고…”

J가 잠시 침묵하다가 입을 열었다. “하나님은 병을 주신 게 아니라, 죄

고의 '자율주행' 옵션을 주신 겁니다. 자율주행 옵션이 탑재된 인간이 핸들을 꺾어 가드레일을 들이받은 건데, 제조사 탓만 하시면 곤란하죠. 그래도 그 제조사 CEO는 차 수리비를 대신 내주러 오셨잖아요?"

"그런데..." 나는 여전히 풀리지 않는 의문을 제기했다. "왜 하필 죽는 방법이에요? 다른 방법은 없었나요?"

J가 작게 한숨을 내쉬었다. "빚을 갚으려면 값을 치러야 하니까요. 죄의 값은 죽음이니까요." 그는 비장한 어조로 말을 이었다. "예수가 그 값을 대신 치른 거예요."

"그런데 J 씨." 나는 여전히 의심스러운 눈으로 물었다. "예수가 하나님이라면서요?"

"네."

"그럼 전지전능하잖아요."

"그렇죠."

"그런 분이 인간 대신 죽는 게 뭐가 대단해요?" 나는 논리적으로 승부를 보겠다는 듯 몰아붙였다. "어차피 3일 만에 부활했다면서요? 그게 무슨 희생이에요?"

J는 내 눈을 똑바로 응시하며 답을 주려 했다. "그 답은..."

그때, 황 비서에게서 문자가 왔다. '대표님, 통화 가능하세요? 내일 아침 임원회 건으로 의논드릴 일이 있습니다.'

아쉬웠지만, 그날은 거기에서 멈출 수밖에 없었다.

사랑은 왜 낮은 곳에…?

다음 날, 나는 다시 J를 찾아갔다.

"아직 궁금한 게 더 있으시군요." J가 나를 보자마자 입꼬리를 살짝 올렸다.

"어떻게 알았어요?"

그가 내 얼굴을 가리키며 장난스럽게 눈을 찡긋했다. "표정에 다 쓰여 있어요. '궁금증 참을 수 없음' 모드시더라고요."

그의 농담 섞인 진단에 나는 피식 웃으며 의자에 앉았다. "J 씨, 하나님이 인간 대신 죽으러 육신을 입고 오셨다… 뭐 여기까진 그렇다 쳐요. 그런데 왜 그렇게까지 하신 거예요?"

"그렇게까지요?" J가 고개를 살짝 기울였다.

"네. 하나님이라면, 금수저를 물고 태어나셔도 됐을 텐데요? 왜 예수는 당시 가장 가난한 가정에서 태어난 거죠?"

그가 잠시 생각하듯 턱을 만지작거렸다. "음… 좋은 질문입니다."

"그렇잖아요, 로마 황실까지는 아니더라도, 그냥 보통 중산층으로만 태

어났어도 그런대로 괜찮았을 텐데,
예수는 아예 나락으로 떨어지려고 작
정이라도 한 듯, 당시 가장 가난하고
존재감 없던 부부한테, 그것도 더러
운 말구유에 태어났다니요. 거기다
태어나자마자 헤롯의 영아 학살을 피
해 이집트로 도망가 난민으로 유아기를 보냈다니…"

J가 인자한 미소를 띠며 내게 반문했다. "레오 대표님, 리화 씨 앞에서
어떤 느낌이 드세요?"

갑작스러운 질문에 나는 당혹감을 감추지 못했다. "그게 무슨…?"

그는 내 표정을 살피며 말을 이었다. "리화 씨가 너무 착하고 순수해서,
오히려 다가가기 힘들지 않으세요?" J는 여지없이 내 정곡을 찔렀다.

나는 잠시 망설이다가 솔직한 속내를 털어놓았다. "맞아요, 리화 앞에
서 제가 좀 움츠러드는 건 사실이에요. 리화에 비하면 저는 그냥… 속물인
것 같아서요."

J가 고개를 천천히 끄덕였다. "바로 그겁니다."

"…네?"

그는 몸을 의자 등받이에 기대며 설명했다. "사람은 자기보다 훨씬 선
하고 고결한 사람 앞에 가면 위축되기 마련이에요." J의 설명은 차분하고
도 명료했다. "하물며 완벽하신 하나님 앞에 서면 어떨까요?"

순간 숨이 막히는 기분이 들었다. "도저히 다가갈 수 없겠죠."

"맞아요." J의 목소리가 한층 낮아졌다. "그래서 하나님이 그렇게까지
낮아지신 거예요."

"네?

"사람들이 편하게 다가올 수 있도록요." 그가 숙연히 덧붙였다. "예수
에게는 권력도, 부도, 명예도… 아무것도 없었어요. 가장 낮은 곳으로 온
거죠. 그리고 평생 가장 소외된 사람들과 함께 살았어요."

"어떤 사람들요?"

"세리, 창녀, 병자, 가난한 자…" 그는 마치 기억 속의 인물들을 하나하

나 떠올리듯 나열했다. "당시 인간 취급도 못 받던 사람들요."

나는 그의 말을 곱씹으며 잠시 숙연해졌다.

"레오 대표님." 그가 다시 내 시선을 붙들며 물었다. "만약 대표님이 CEO 신분을 버리고 노숙자가 되어야 한다면 어떻겠어요?"

"...글쎄요."

"상상이 안 되시죠?"

"상상이 안 된다기보다는… 상상하기도 싫네요. 내가 왜 그래야 하죠?"

"맞아요. 근데 하나님이 인간이 되신 것은 그보다 훨씬 더 큰 낙차였어요." J가 잠시 침묵 후, 말했다. "온 우주의 창조주가 피조물이 되신 거니까요… 어떤 신학자는 이 성육신(incarnation) 사건에 대해 이렇게 표현하기도 했어요."

'하나님이 인간이 되신 것은 온 우주가 성냥갑 안에 들어온 갑갑함이었다.'

J의 말을 들으며 문득 시 하나가 떠 올랐다.

한 잎 두 잎 나뭇잎이
낮은 곳으로
자꾸 내려앉습니다
세상에 나누어 줄 것이 많다는 듯이…
나도 그대에게 좀 나눠 주고 싶습니다
내가 가진 게 너무 없다 할지라도…
그대여
가을 저녁 한 때
낙엽이 지거든 물어보십시오
사랑은 왜 낮은 곳에 있는지를…[16]

'사랑은 왜 낮은 곳에…' J의 말이 그제야 이해됐다. "하나님이… 그렇게

---

16 안도현, 가을엽서

까지 낮아지신 이유가…" 내 목소리가 가늘게 떨렸다. "사람들이 편하게 다가오게 하기 위함이었다고요?"

"네." J가 부드러운 눈빛으로 확답을 주었다. "그게 바로… 성육신의 비밀이지요."

잠시 정적이 흐른 뒤, J가 다시 말을 이었다. "그런데 한 가지가 더 있어요."

"그게 뭔데요?"

"십자가요. 십자가는 당시 가장 잔인하고, 수치스러우며, 극심한 고통을 겪게 하는 사형 방법이었죠."

"그러니까요. 왜 꼭 그렇게까지 해야 했지요? 좀 더 쉽게 죽는 방법도 많잖아요."

"글쎄요…" 그는 잠시 위쪽을 바라보더니 나직이 말했다. "아마도 사랑을 증명하고 싶으셨나 봐요."

"사랑을요?"

그는 내 눈을 똑바로 바라봤다. "네. '내가 널 이만큼 사랑한다'고요."

나는 그 눈빛에 압도되어 아무 말도 못 했다.

잠시의 침묵이 흐른 후, 나는 다시 이성을 되찾았다. "그런데 J 씨. 며칠 전 하려던 얘기 말예요. 예수는 어차피 3일 만에 부활했다면서요? 그게 뭐 그리 대단한 희생이에요? 다시 살아날 게 보장되어 있다면요?"

"와, 대표님. 그럼 대표님은 '나중에 휴가 갈 거니까, 지금 일하는 건 하나도 안 힘들다'고 직원들에게 강요하실 건가요?" J가 재치 있게 반박했다. "얼마 후 살아난다고 해서, 채찍에 맞고 못 박히는 고통이 '무효'가 되는 건 아니잖아요."

집으로 돌아가는 길. J의 말이 계속 마음 속에 맴돌았다. '하나님이 낮아 지셨다... 죄인들이 편하게 다가올 수 있도록...'

그것은 효율성을 따지는 CEO의 논리로는 도저히 계산되지 않는 '사랑 의 극치'였다. 핸들을 잡은 손이 가늘게 떨렸다. 가슴 밑바닥에서부터 뜨 거운 무언가가 울컥 치밀어 올랐다. 나는 길가에 차를 세우고 한참을 울 었다. 왜 우는지 설명할 수 없었다. 그런데 이상하게도… 멈출 수가 없었 다.

그리고 참으로 오랜만에, 나는 그분의 이름을 조용히 불러 보았다. '하 나님… 정말 그렇게까지 하셨어요? 날 위해?'

대답은 들리지 않았다. 그런데 이상하게도… 마음이 따뜻해졌다.

책 밖의 소설가

사무실 모니터 위로 복잡한 타임라인 차트가 흐르고 있었다. 신규 프로젝트의 일정표를 보다가 문득 새로운 질문 하나가 떠올랐다. 결국 나는 퇴근 시간도 되기 전에 외투를 챙겨 들었다. 의문이 해결되지 않으면 한 발짝도 움직일 수 없는 내 지독한 결벽증이 나를 다시 J의 사무실로 이끌었다.

J는 마치 나와 약속이라도 했다는 듯, 노을이 비스듬히 깔린 창가에서 녹차를 내리고 있었다.

"또 예측 알고리즘인가요?" 내가 웃으며 물었다.

J가 찻잔을 내려놓으며 빙긋 웃었다. "이번엔 '질문 대기열 시스템'이요."

"뭐라고요?"

그가 내 얼굴을 가리키며 장난스럽게 말했다. "대표님 표정을 보니, '미해결 질문 3개 대기 중'이라고 떠 있더라고요."

나는 웃으며 의자를 끌어당겨 앉았다. "J 씨, 예수가 인류를 위해 죽으셨다는 건 알겠어요." 녹차를 한 모금 마신 후 말을 이었다. "근데 예수가 십자가에서 죽은 건 무려 2천 년 전 일이잖아요. 그게 어떻게 21세기에 사는 나한테 적용되는 거죠?"

J가 천천히 고개를 끄덕였다. "좋은 질문입니다."

나는 계속해서 의문을 제기했다. "아직 태어나지도 않은 미래 사람들 죗값을 미리 치른다는 게… 말이 안 되잖아요."

"충분히 그렇게 생각하실 수 있어요." J가 차분한 눈빛으로 나를 바라봤다. "하지만 한 가지 놓치신 게 있어요."

"뭔데요?"

그는 창밖 노을을 바라보며 말했다. "하나님은 시간 밖에 계시거든요."

나는 고개를 갸웃했다. "시간 밖이요?"

J가 손가락으로 공중에 일직선을 그리며 설명하기 시작했다. "사람들은 시간 속에 갇혀 삽니다. 과거, 현재, 미래를 순서대로 경험하죠."

"그렇죠."

"하지만 하나님은 시간을 초월해 존재하세요." 그가 차분히 설명을 이어갔다. "마치 높은 곳에서 전체 길을 내려다보는 것처럼요."

나는 잠시 생각에 잠겼다. "그럼… 하나님에게는 과거도, 미래도, 다 '현재'라는 건가요?"

"정확합니다." J가 진지한 표정으로 말했다. "소설가를 한번 생각해 보세요. 소설가가 창작한 소설 속 인물은 시간의 순서에 따라 살지만, 소설가는 다르잖아요."

"어떻게요?"

"소설가는 과거로 돌아가 이전 장면도 고치고, 아직 닥치지 않은 미래 장면도 미리 써 놓을 수 있죠." J가 내 눈을 바라봤다. "소설 밖에 있으니까요."

나는 눈이 번쩍 떠지는 기분을 느끼며 맞장구를 쳤다. "아… 그래서 2천 년 전이든, 지금이든, 하나님께는 다 똑같다는 거군요."

J의 눈이 반짝였다. "맞습니다. 그래서 예수의 십자가가 모든 시대에 효력이 있는 거고요."

"그런데 J 씨, 이거 좀 비과학적인 거 아닙니까?"

J가 고개를 기울였다. "어느 부분이요?"

"시간을 초월한다는 게 물리학적으로 가능해요?"

그는 내 반박이 즐겁다는 듯 미소 지었다. "대표님, '상대성 이론' 아시죠?"

"아인슈타인이요?"

"네. 시간은 절대적이지 않아요. 속도에 따라 늘어나기도 하고 줄어들기도 하죠."

"그렇긴 하죠."

J가 눈을 크게 떴다. "그런데 우주를 만드신 분이 시간 밖에 계신다는 게 그렇게 이상한가요?"

"음…"

"물리법칙을 만드신 분이 물리법칙에 갇혀 계실 순 없죠." 그가 살짝 윙크했다. "일종의 '창조주의 특권'이라고 보시면 됩니다."

나는 웃으며 고개를 끄덕였다. '시간을 초월한다…'

문득 아버지 생각이 났다. "그럼… 천국엔 시간이 없나요?" 내가 조심스럽게 물었다.

J가 부드럽게 대답했다. "네, 맞습니다. 천국엔 시간이 없으니 '긴급결재 건' 때문에 야근할 일도 없죠. 어쩌면 레오 대표님 같은 워커홀릭[17]에겐 적응기간이 좀 필요할 수도 있겠네요."

내가 어이없다는 듯 웃자, 그도 유쾌하게 따라 웃으며 설명을 보탰다. "천국은 시간의 영역 밖에 있어요. 영원의 세계죠."

"영원이라…"

그는 고개를 끄덕였다. "그래서 천국에서는 죽음으로 인해 겪는 이별을… 슬퍼할 필요가 없어요."

나는 가슴 한구석이 저려오며 숨이 막혔다.

---

17 워커홀릭(workaholic): 일에 지나치게 몰두하여 일 없이는 불안을 느끼는 사람. '일(work)'과 '중독(alcoholic)'의 합성어.

“대표님 아버님…” J는 마치 내 마음을 환히 들여다보는 듯, 잔잔히 미소 지으며 말했다. “하늘나라에 가셨을 때, 이미 거기서 대표님을 만나셨을 거예요. 물론 지금도 하늘나라에서 대표님과 함께 계시고요.”

나는 깜짝 놀라 그를 빤히 쳐다봤다. “네?”

그가 차분하게 설명했다. “천국에는 시간이 없으니까요. 과거도, 미래도, 다 ‘현재’예요.”

나는 눈물이 핑 돌았다. “그럼… 아버지가 외롭지 않으시겠네요?”

J가 따뜻한 눈빛으로, 날 위로하듯 고개를 끄덕였다. “전혀요.” J는 마치 아버지와 내가 함께 있는 광경을 보고 온 사람처럼 확신 있게 말했다.

그의 말이 묘하게 위안이 됐다. 그동안 아버지가 천국에서 날 그리워하며 슬프게 지내실까 봐 마음이 아팠는데… 내 마음을 무겁게 짓누르던 돌덩이가 한순간에 치워진 느낌이었다.

내가 감정을 추스를 시간을 충분히 준 뒤, J는 천천히 찻잔을 내려놓았다. 그러더니 다시 목소리를 가다듬고 화제를 전환했다. “하나님께서는 인간을 구원하기 위해 역사의 한 좌표에 접속하셨습니다.”

쌩뚱 맞은 비유에 내가 눈을 가늘게 뜨며 반문했다. “뭐라고요?”

“하나님도 ‘시간’이라는 서버에 ‘원격접속’하신 거예요.”

“……”

“접속지점은 2000년 전 예루살렘이지만, 그 접속을 통해 모든 시대를 커버하신 거죠.” J는 차분하게 설명을 이어나갔다. “다시 말해, 하나님은 시간을 초월해 존재하시니… 태초부터 종말까지의 모든 인간의 죄를, 시간을 초월해서, 단 한번에 해결하실 수 있었던 겁니다.”

J가 창가로 천천히 걸어가며 말했다. “그래서 하나님은 대표님의 인생에 대해…” 그는 창밖을 바라보며 말을 이었다. “대표님보다 훨씬 큰 그림으로 보고 계신 거죠.”

그는 창밖의 노을을 응시하다가 천천히 몸을 돌려 날 바라봤다. “일곱 살 때 울던 레오 대표님도, 지금 혼란스러워하며 진실을 찾고 계신 레오 대표님도, 앞으로 어떤 결정을 내릴 레오 대표님도…” J의 눈빛이 깊어졌다. “다… 사랑하세요. 그분에게는 그 모든 순간이 바로 ‘지금’이니까요.”

나는 한동안 아무 말도 할 수 없었다. 내 인생이라는 프로그램은 수많은 오류로 점철된 미완성 코드인 줄만 알았다. 하지만 시간 밖의 설계자에게 내 삶은 시작부터 끝까지, '사랑'이라는 하나의 테마로 완성된 작품이었다. 일곱 살 소년의 눈물부터 서른다섯 CEO의 고뇌까지, 그 모든 시공간을 가로질러 나를 바라보고 있는 거대한 시선이 느껴졌다. …그것은 책 밖의 소설가가, 자신이 창조한 주인공을 바라보는, 가장 지독하고도 아름다운 애정이었다.

지불완료

J와 여러 가지 대화를 나누었지만, 여전히 납득이 가지 않는 점이 있었다. 그래서 얼마 후 그를 다시 찾아갔다. "J 씨, 한 가지 이해가 안 가는 게 있어요."

J의 입가에 장난기 어린 미소가 번졌다. "혹시 대표님 머릿속에 '질문생성 엔진' 같은 게 있으신 건 아니죠?"

"질문생성 엔진이요?"

"네, 답을 들으면, 자동으로 다음 질문이 3개씩 생성되는..." J가 장난스럽게 손가락으로 숫자 3을 그렸다.

나는 피식 웃으며 자리에 앉았다.

그러자 J가 내 눈을 맞추며 물었다. "오늘은 뭐가 궁금하신데요?"

"예수 한 사람이 죽은 것으로 어떻게 수십억 명의 죄를 없앨 수 있죠?" 나는 다리를 꼬며 논리적인 반박을 이어갔다. "예를 들어... 어느 죄 없는 사람이 사형수를 대신해 죽는다 해도, 한 사람만 살릴 수 있을 뿐, 모든 사형수를 다 살릴 수는 없잖아요."

J가 단호하게 고개를 저었다. "보통은 그렇죠. 하지만 예수는 다릅니다."

"뭐가 다른데요?"

"예수는 하나님, 즉 창조주세요." J는 본질적인 차이를 설명하기 시작했다. "피조물인 인간과는 급이 완전히 다르죠."

"급이요?"

"네. 사람이 사람을 대신해 죽는다면 1:1 거래가 맞아요." 그가 설득력 있게 논리를 펼쳤다. "하지만 창조주 하나님이 피조물을 대신해 돌아가시는 건..." 잠시 날 깊은 눈으로 바라봤다. "1:수백억 이상의 엄청난 파워죠. 창조주 한 분의 생명 값은 온 인류를 다 합친 것보다 비싸니까요."

내가 애매한 표정을 짓자, 이번엔 그가 좀 또 다른 비유를 들었다. "쉽게 말해, 전 세계 모든 구형 컴퓨터를 다 팔아도 '로보스토리'의 메인서버 한 대 값도 안 나오는 것과 비슷하죠." 그리고 이렇게 덧붙였다. "사실, 예수의 십자가는... 오버스펙[18]이었어요."

"그러니까..." 나는 그의 말을 천천히 곱씹으며 물었다. "예수 한 사람의 죽음의 가치가 온 인류의 죄값을 다 대신하고도 남는다는 거네요?"

"그럼요. 대표님 회사라면 그런 거래가 절대 있을 수 없겠죠?" 그는 한층 고양된 어조로 설명을 이어나갔다. "이건 인류 역사상 가장 큰 규모의 '인수합병'입니다. 창조주가 인류를 통째로 인수하신 셈이니까요."

그 말에 나는 또 한가지 질문이 곧 떠올랐다. "잠깐만요, "그럼 예수가 십자가에서 죽은 그 순간, 모든 인류의 죄가 한순간에 다 사라졌단 말인가요?"

"네." J가 나직히 말했다. "십자가에서 예수가 희생제물로 죽을 때... 온 인류의 죄가 한번에, 영원히, 완전히 해결됐어요."[19] J의 목소리가 떨렸다. "그 순간은 인류 역사상 최고의 순간이었죠. 왜냐하면 인류의 모든 죄가 단번에 사라지는 순간이었으니까요."

---

18 오버스펙(Over-spec): 요구되는 수준보다 과도하게 높은 능력이나 조건을 갖춘 상태
19 성경 히브리서 10:14

"한 순간에, 인류의 모든 죄가…?"

내가 홀린 듯 중얼거리자 J가 말을 받았다. "네. 예수가 '지불완료' 도장을 찍은 거예요." 그리고 내 쪽으로 몸을 기울였다. "물론 대표님 빚도요."

나는 잠시 생각하다 물었다. "그럼… 영수증은 어디 있어요?"

"네?"

"지불완료 됐으면 영수증이 있어야죠."

J가 껄껄 웃었다. "있죠!"

"어디에요?"

"성경이요." J는 책상 위 성경을 손끝으로 톡톡 쳤다. "이게 영수증입니다. '지불완료' 도장이 곳곳에 찍혀 있죠."

"성경 어디요?"

내 말에 J는 성경을 펼쳐 내 앞으로 돌려놓았다. "'다 이루었다'[20]—이게 '지불완료' 싸인이에요."

나는 고개를 끄덕였다. "그럼 영수증 보관은 누가 해요?"

"물론 대표님이죠." J가 부드러운 미소를 지었다. "믿고 받아들이시는 순간, 대표님 것이 되니까요."

그러더니 내 눈을 똑바로 들여다보며 물었다. "그런데 대표님은… 영수증에 '지불완료' 도장이 쾅— 찍혔는데도, 왜 여전히 할부금 독촉장을 받은 얼굴이신 거죠?"

내가 무슨 뜻인지 의아한 표정을 짓자, J가 안타깝다는 듯 설명을 보탰다. "하나님은 이미 입금(예수의 십자가 희생) 확인을 끝내시고 '배송시작' 버튼을 누르셨는데, 수령인인 대표님만 문 앞에서 의심하고 계시네요."

그 한 마디에 가슴이 뭉클해졌다. "그동안… 왜... 왜 아무도 이 얘기를 안 해준 거죠? 전 그동안 뭐 하러 죄책감에 시달리며 산 거예요?" 내 목소리가 떨렸다.

그러자 J가 슬픈 표정으로 말했다. "대표님뿐 아니라, 많은 사람들이 아직도 모르고 있어요. 자기 빚이 이미 탕감됐다는 걸요." 이어서 그는 역사적인 사례를 들어 자세히 설명했다. "미국에서 남북전쟁 후, 노예해방 선언이 이미 이루어졌는데도, 그 소식을 듣지 못한 노예들이 여전히 노예로 고생하며 살았다죠? 지금 딱 그런 형국이에요." 그는 찻잔을 내려놓으며 되물었다. "대표님 회사에서 그런 일이 생기면 어떻게 될까요?"

나는 즉각 대답했다. "난리 나겠죠."

J가 웃었다. "하늘에서는 이미 '채무면제' 선언이 내려졌는데… 지상엔 아직 공지가 잘 전달되지 않은 상태라고 보시면 됩니다."

나는 한참을 아무 말도 못 했다. '내가… 이미 자유인이었다고? 그런데 그걸 모르고, 지금껏 노예처럼 살았던 거야? 죄책감에 시달리고, 공허함에 괴로워하면서…?'

하지만 또 의문이 들었다. "그런데 한 가지 이해가 안 가는 게 있어요. 정말 예수가 인류의 모든 죄 문제를 해결했다면… 세상엔 왜 여전히 악이 판을 치는 거죠? 왜 사람들은 여전히 죽음을 피할 수 없는 거고요?"

"신학자 오스카 쿨만[21]은 이 문제를 '이미, 그러나 아직(Already, but not yet)'이라는 개념으로 설명했습니다. 전쟁은 끝났지만 잔당소탕 중이라 좀 어수선하다는 거죠." 그러더니 이번엔 IT식으로 풀어 말했다. "최종 업데이트는 끝났는데, 서버 재부팅 중이라고나 할까요? 원래 큰 시스템일수록 로딩 시간이 오래 걸리는 법이니까요."

"그럼 그 작전은 언제 끝나는데요?"

"예수가 다시 오는 날, 비로소 완결될 겁니다." J가 명료하게 선언했다.

"또 한 가지 궁금한 게 있어요. 그럼… 예수를 믿지 않는 사람들 죄도 예수가 다 없애 준 건가요?"

J가 천천히 고개를 끄덕였다. "네. 하나님께서는 예수를 믿지 않는 사람들, 타종교인들, 무신론자들의 죄도 예수의 피로 다 없애 주셨어요."

---

21 오스카 쿨만 Oscar Cullmann (1902-1999): 독일 출신의 신약학자이자 교회사학자. 대표저서로 《그리스도와 시간(Christ and Time)》이 있음.

"그럼 모든 사람이 다 구원받는다는 거네요?"

"아니요." J가 가라앉은 목소리로 답했다. "어떤 사람들은 '예수가 자기 죄를 없애 주었다'는 사실을 믿지도, 받아들이지도 않으려 해요."

"단지 믿지 않기 때문에 구원을 못 받는다고요?" 나는 불만스러운 표정으로 물었다. "그건 너무 가혹한 것 같은데요."

J가 깊은 한숨을 내쉬었다. "레오 대표님, 만약 제가 대표님께 100억 수표를 드렸는데…"

"네?" 상상만 해도 기분이 좋아져 내 입꼬리가 살짝 올라갔다.

"대표님이 '난 그거 안 믿어. 가짜일 거야'라고 거부하시면 어떻게 되죠?"

내가 대답했다. "그야 당연히 그냥 휴지조각이 되는 거죠."

J가 안타깝게 말했다. "안타깝게도 그런 사람들이 꽤 많아요."

"뭐라고요?"

그가 고개를 끄덕였다. "자기 통장에 100억이 입금돼 있는데, 그럴 리가 없다면서 안 쓰는 거죠."

"더 엄청난 건 그게…" 그가 목소리를 한층 낮췄다. "그 수표 준 사람이 자기 전 재산을 다 넣어 만든 자산이라는 거죠."

나는 잠시 생각에 잠겼다. 그리고 다시 궁금증을 쏟아냈다. "그런데 J씨, 왜 꼭 예수여야만 합니까?"

"무슨 뜻인가요?"

"세상엔 종교도 많고, 좋은 가르침도 많잖아요." 나는 조심스럽게 의견을 피력했다. "그런데 왜 기독교만 진리라고 하는 거예요?"

J가 깊이 고개를 끄덕였다. "정말 중요한 질문이에요." 잠시의 침묵 후, 그가 되물었다. "대표님, 버그 수정하실 때, 검증되지 않은 패치를 무작위로 설치하세요?"

"아니죠. 정확한 패치만 설치해야죠."

"왜요?"

"잘못된 패치는 문제를 더 악화시키니까요."

J의 미소가 짙어졌다. "정답입니다. 인류의 '죄'라는 버그를 수정하기 위

해선, 정확한 패치가 필요합니다." 그는 잠시 뜸을 들이더니 다시 말을 이었다. "예수가 바로 그 정확한 패치예요. 다른 패치들은 비슷해 보여도, 근본 문제를 해결하지 못하거든요."

"그건 너무 독선적인 거 아니에요?" 나는 반박했다.

"그래 보일 수도 있지만…" J가 부드럽게 말을 받았다. "오히려 그 단순함이 진리의 힘이에요."

"무슨 뜻이죠?"

"예수는 단지 어떤 위대한 인물이 아니라… 구세주로 증명된 유일한 존재니까요."

"증명됐다고요?" 문득 반감과 의심이 함께 올라왔다.

그는 내 표정을 살피며 확신 있게 설명을 이어갔다. "지금부터 그 증거들을 정리해 드릴게요." 그가 손가락을 하나씩 접으며 말했다. "첫째, 예수에 관해 오래전부터 예언됐던 것들이, 그대로 다 성취됐습니다."

"예언이라고요?"

"네. 예수에 대한 예언은 구약성경에만 수백 가지가 나와요. 출생지, 족보, 죽음의 방식까지 모두 예언됐죠."

"정말요?"

"네. 그런데 예수는 그걸 하나도 빠짐없이 다 이루었어요. 다른 종교 인물 중에 이렇게 구체적으로 예언되고, 실제로 다 성취한 사람은 단 한 명도 없어요."

"그게 역사적으로 다 증명되었다는 말인가요?"

"네, 이 정도면 우주 최고의 '정직한 개발자' 아니십니까?" J가 웃으며 받아쳤다.

그러더니 다시 두 번째 손가락을 접었다. "둘째, 예수는 창조주만이 행할 수 있는 기적을 보여줬습니다."

나도 모르게 침을 꼴깍 삼켰다.

그가 차분히 이어갔다. "물로 포도주를 만들고, 물 위를 걷고, 병든 자를 고치고, 죽은 자를 살렸죠."

"성경에 그런 기록이 있다는 건 나도 알아요. 하지만 그게… 과연 사실일까요?”

“당시 수많은 사람들이 직접 보고 기록했어요.” J가 확신에 찬 목소리로 대답했다. “그리고 중요한 건, 예수가 행한 기적은… 자기 능력을 과시하기 위해서가 아니라, 인간을 사랑해서 베풀었다는 점이죠.”

이어서 그는 세번째 손가락을 접으며 말했다. “셋째, 예수는 인류의 죄를 친히 짊어졌어요. 지금까지 수많은 종교가 ‘어떻게 구원받을까’를 고민해 왔지만…” 그는 숙연하게 말을 이었다. “몸소 구원의 길을 내준 인물은 예수밖에 없었습니다.”

끝으로 그는 네번째 손가락을 접었다. “마지막으로, 예수는 죽음을 이기고 부활했습니다.”

“솔직히 부활은 좀 믿기가 어려운데요…?”

“500명 이상이 동시에 부활한 예수를 봤어요.” J가 가만히 나를 응시하며 무게감 있게 말을 이었다. “다른 종교를 깎아내리자는 게 아니에요. 오히려 모든 종교가 찾고 싶어 했던 ‘진짜 답’을 주러, 예수가 인간을 찾아왔다는 것… 이게 기독교가 말하는 ‘은혜’의 핵심입니다.”

나는 잠시 생각에 잠겼다. 반박하고 싶었지만, J의 말에는 뭔가 건드릴 수 없는 묵직함이 있었다. 게다가 그의 말투는 단 한 번도 비난조가 아니었다. 마치 내가 그의 말에 귀 기울이기를 오래 기다려준 사람처럼, 차분하고 따뜻했다.

“J 씨…” 나는 겨우 입술을 떼어 물었다. “그럼… 전 뭘 해야 하죠?”

J가 눈부신 미소를 지으며 답했다. “대표님은 그냥 그 선물을 받으시기만 하면 돼요. 이미 지불완료 된 선물을…” 그가 잠시 말을 멈췄다가 나직이 덧붙였다. “거절하실 이유가 없잖아요.”

◆

그날 밤, 잠자리에 누워서도 J의 말이 계속 머릿속에 맴돌았다. ‘인류가 구원을 찾아가는 게 아니라, 구원이 먼저 인류를 찾아왔다…”

유리창 밖으로 흐르는 불빛들이 평소와 달리 따스해 보였다.

‘지불완료… 나를 위해서…? 정말 그 모든 게 나를 위해서였다고?’

24

날 줄곧 기다려 주신 분

며칠이 지났다.

나는 혼자 사무실에 남아 불을 끄고 창밖을 바라봤다. 도시의 야경이 은은하게 빛났다. 책상 위에는 성경책이 펼쳐져 있었다. 처음엔 그냥 호기심이었는데, 이제는... '이게 정말 진리일까?'라는 질문이 떠나지 않았다.

거울 앞에 섰다. 깔끔하게 수트를 차려입은 젊은 CEO. 그럴싸한 외모. 번듯한 성공. 하지만... 거울 속 내 눈빛은 왠지 공허해 보였다.

그동안 외면해 왔던 질문들이 하나씩 떠올랐다. 아버지의 죽음 이후 오로지 성공만을 위해 달려온 시간... 사람들에게 인정받기 위해 만든 이미지... 하나님은 없다고 믿으며 세운 논리들...

눈을 감았다. 그리고 아주 조용히, 속삭이듯 말했다. "하나님... 진짜 계시다면... 절 찾아와 주세요."

그 순간, 누가 사무실 문을 노크했다. J였다. "혹시 저를 찾으셨나요?"

"아뇨, 찾은 적 없는데요?"

J가 눈썹을 살짝 치켜올렸다. "어, 이상하다? 분명 절 찾으시는 소리를

들었는데…?”

난 어이없다는 듯 피식 웃었지만, 마침 잘 됐다 싶어 J에게 속내를 털어 놓았다. “J 씨, 내가 왜 요즘 이런 생각에 사로잡혀 있는지, 내가 미친 건 아닌지…”

J는 다정한 눈빛으로 내 말을 받아 주었다. “무슨 일이신데요?”

“지난번에… 예수님만이 메시야라고 했었죠? 그럼 예수님과 단절되었던 생명을 되찾으려면 어떻게 해야 하나요?” 질문을 던지는 내 목소리가 떨리고 있었다.

“그 방법은… 의외로 아날로그적입니다. 마음 문을 열고 예수님을 받아 들이시기만 하면 돼요.”

“……”

“성경에 이런 말씀이 있어요.” J가 성경 구절을 나직하게 읊조렸다.

“잘 봐. 내가 문 앞에 서 있잖니?
내가 문을 두드리고 있잖아.
내가 부르는 소리를 듣고 네가 문을 열어 준다면,
난 바로 그 문으로 들어가
네 저녁상에서 너랑 같이 식사할 텐데….”[22]

순간 호기심이 생겼다. “그럼 지금도… 예수님이 제 마음 문을 두드리고 계신다는 건가요?”

“그럼요.” J가 웃었다. “손가락 관절에 염증이 생길 정도로 줄곧 두드렸죠.” 그리고 어깨를 한 번 으쓱해 보였다. “특히 대표님 마음 문은 특수방음 처리가 되어 있나 보더라고요. 노크 소리가 전혀 안 들리셨나 봐요?” 그가 날 똑바로 바라보며 덧붙였다. “그 문은 억지로는 못 열거든요. 안에서만 열 수 있죠. 게다가 문을 안에서 잠가 놓은 사람들은, 대부분 문이 없는 줄 알고 살지요.”

---

22 성경 요한계시록 3:20, 유진 피터슨의 메시지(The Message)성경, 허계영 번역

잠깐의 침묵을 깨고 내가 물었다. "그런데 J 씨…"

"네?"

"예수님을 맞이하면 구체적으로 뭐가 달라지는 거예요?"

J가 미소 지었다. "영적으로 새롭게 태어나시게 돼요."

"새롭게요?"

"네. 완전히 새로운 신분이 되는 거죠." J는 차근차근 설명을 이어갔다. "그동안 죄와 사망의 노예였다면, 이제는 하나님의 자녀가 되시는 거예요."

나는 한참을 생각했다. '하나님의 자녀…'

내가 조심스럽게 물었다. "하지만 J 씨…" 잠시 망설이다 솔직히 고백했다. "난 그 누구에게도 속박당하고 싶지 않아요. 그냥 내 마음대로, 자유롭게 살고 싶다고요. 그런데 하나님을 믿으면… 더 이상 내 인생이 내 것이 아닌 거잖아요?"

J가 내 갈등을 읽은 듯 천천히 고개를 끄덕였다. "그 마음 충분히 이해합니다." 그리고 잠깐 웃더니 말했다. "문제는, 사람이 자기 인생의 CEO가 되면, 보통은 경영이 꽝이라는 사실이죠." 그러고는 이내 웃음을 거두고 진지하게 말했다. "레오 대표님. 주인 없이 사는 사람은 아무도 없어요."

"무슨 뜻이죠?"

"하나님을 섬기지 않으면…" J는 나를 그윽이 바라봤다. "자기도 모르게 '나'라는 이름의 고집스러운 폭군을 섬기게 되거든요. 그 폭군이 결국, 공허와 강박으로 대표님을 파괴할 겁니다."

그 말에 가슴이 철렁했다. J가 정확히 문제의 정곡을 찌른 것 같았기 때문이다.

"하지만 내 인생은 내 것이잖아요? 난 간섭받는 건 딱 질색이에요."

"하나님을 주인으로 모신다는 건…" J가 내 저항을 부드럽게 감싸며 대꾸했다. "그분의 노예가 되는 게 아니에요."

"그럼 뭔데요?"

"자녀가 되는 거죠." J의 설명은 분명하면서도 따뜻했다. "든든한 아버지가 생기는 거예요." 그리고는 장난스러운 표정으로 나를 불렀다. "대표님!"

"네?"

"하나님은 입양 절차가 굉장히 빠르세요. 구두계약으로 바로 끝내시거든요."

그 말에 가슴 한구석이 뭉클해졌다. '아버지... 어린 시절 잃어버린 그 커다란 존재.'

"이제는 더 이상 혼자 인생을 책임지실 필요가 없어요." J가 확신에 찬 어조로 강조했다. "하나님이 아버지가 되어 주시니까요. 마치 평생 구걸하며 살던 고아가 왕의 아들로 입양되는 것과 같은 거죠."

한참동안 아무 대꾸도 하지 못했다. '혼자가 아니라고... 내가 내 인생을 책임질 필요가 없다고…?' 눈물이 날 것 같았다. 하지만 여전히 망설여졌다.

J가 내 호흡을 따라오며 부드럽게 물었다. "레오 대표님, 예수를 영접한다는 게... 뭔지 아세요?"

"문을 여는 거요?"

"맞아요. 하지만 그게 다가 아니에요." 그는 더 본질적인 의미를 짚어주었다. "그건 자기 죄를 인정하는 거예요."

"제가... 죄인이라는 걸 인정하라고요?"

"네." J가 천천히 고개를 끄덕였다. "그리고 예수가 그 죄를 위해 죽었다는 걸 믿는 거죠."

나는 깊이 숨을 들이쉬었다. "제가 죄인인 건 알겠어요. 하지만..." 나는 솔직하게 토로했다. "예수님이 저를 위해 죽으셨다는 게... 선뜻 믿겨지지가 않아요. 제가 그럴 만한 가치가 있나요?"

J의 눈빛이 깊어졌다. "예수는 대표님의 가치를 견적 내서 죽은 게 아닙니다. 사랑해서 죽은 거죠. 사랑은 원래 계산기를 두드리지 않는 법이니까요."

"사랑..." 결국 참았던 눈물이 주르륵 흘러내렸다. 한참을 망설이다가 어렵게 입을 열었다. "J 씨... 예수님은 어떻게 영접하는 거예요?"

J가 환한 미소를 지어 보였다. "그냥 마음 문을 열고, 예수를 받아들이시기만 하면 돼요."

나는 뜻밖이라는 표정으로 되물었다. "뭔가 더 복잡한 절차가 있을 줄 알았는데..."

"없어요." J가 유쾌하게 웃으며 답했다. "앱 다운로드도 필요 없고, 회원 가입도 필요 없고, 인증 절차도 없습니다."

"진짜요?"

"네. 그냥 하나님께… 들어와 달라고 얘기하시면 돼요. 진심을 담아서요."

그 말에 용기를 낸 나는, 천천히 고개를 끄덕인 후 가만히 눈을 감고 속삭였다. "하나님… 저 여기 있어요. 오랫동안 안 계시다고 믿었는데… 사실은 하나님의 존재를 인정하는 게 두려웠던 것 같아요. 제가 죄인인 거 알아요. 그리고 이제는 믿어요. 예수님이 제 죄를 대신 담당하셨다는 것을요. 제 마음 문을 열테니 들어와 주세요."

내가 눈을 뜨자, J가 세상을 다 얻은 듯 환하게 웃으며 선언했다. "축하합니다, 레오 대표님, 이제 하나님의 자녀가 되셨어요."

나는 얼떨떨한 표정으로 J를 바라봤다. "정말요?"

"네."

"그런데…" 마음 한켠에서 의구심이 새어 나왔다. "아무 느낌이 없는데요?"

J가 웃었다. "계약서에 싸인을 한다고 해서, 갑자기 하늘에서 폭죽이 터지진 않습니다." 잠시 멈춘 그가 다시 말했다. "중요한 건 대표님의 느낌이 아니라 '서버상의 데이터 변경'이에요. 지금쯤 천국 데이터베이스에는, 대표님 이름 옆에 이미 '유효' 싸인이 떠 있을 겁니다."

나는 천천히 안도의 숨을 내쉬었다.

J가 확신있는 태도로 덧붙였다. "이제 대표님은 혼자가 아닙니다. 지금부터 대표님의 인생 핸들은 하나님이 잡으실 겁니다. 그러니 대표님은 그냥 조수석에서 경치만 즐기시면 됩니다. 인생경영은 전문가에게 맡기고, 대표님은 그저 배당금만 챙기시란 말입니다."

그 말이 이상하리만치 따뜻하게 마음에 스며들었다. 어쩌면 나는 오늘 처음으로 마주한 건지도 모른다. 줄곧, 나를 기다려 주신 그분을….

25

로보스토리, 위기의 순간

며칠이 지났다. 예수님을 영접한 후, 드라마틱하게 달라진 건 없었지만…
왠지 마음 한구석에 평안함 같은 게 자리잡은 느낌이 들었다.

하지만… 그 평안도 오래가진 못했다. 황 비서가 노크도 잊은 채 집무실
로 들이닥쳤다. 그의 창백한 안색이 모니터의 블루라이트보다 더 차갑게
느껴졌다. "대표님, 로보스토리 AI 커널[23]에서 심각한 취약점이 발견됐습
니다. 외부 해킹 가능성이 90% 이상이라는 보안팀 리포트입니다."

순간 심장이 덜컥 내려앉았다. "확산 범위는?"

"아직 실시간 모니터링 중이지만 최악의 경우, 고객사 데이터가 통째로
다크웹[24]에 풀릴 수도 있습니다."

나는 서류를 던지듯 내려놓았다. 공들여 쌓아 올린 바벨탑이 코드 한 줄

---

23 AI 커널(AI kernel): 인공지능 시스템의 핵심 부분. 데이터 처리와 판단·학습을 수행하는 중심 알고리즘.

24 다크웹(Dark Web): 일반 검색엔진으로는 접근할 수 없는 인터넷의 숨겨진 영역. 특수 소프트웨어를 통
해서만 접속 가능하며, 익명성이 보장되어 주로 불법 거래나 해킹 커뮤니티 등이 활동하는 공간으로 알
려져 있음.

에 무너질 위기였다.

그런데 이상했다. 예전 같으면 당장 책임자를 찾아 불호령부터 쳤을 텐데, 내면 어딘가에서 J의 말이 나직이 울려왔다. '이제 대표님의 인생 핸들은 하나님이 잡으셨습니다.'

◆

이런저런 대책회의로 정신없는 하루를 보낸 후, 겨우 숨을 돌려 J를 찾아갔다. 그는 아무 소식도 못 들은 사람처럼, 평소와 다름없이 향 좋은 차를 내리고 있었다.

급히 들어서는 나를 보자 J가 찻주전자를 내려놓으며 물었다. "레오 대표님, 무슨 일 있으신가요? 표정이 평소보다 57%쯤 어둡습니다. 그 정도 명도 대비면, 거의 시스템다운 직전의 경고등 수준인데요?"

농담할 기분이 아니었다. 나는 깊이 숨을 들이켜며 말했다. "J 씨, 솔직히 말해 주세요."

그도 숙연한 표정이 되어 내 안색을 살폈다. "무엇이 궁금하신가요?"

"내가 하나님께 기도하면… 하나님이 내게 닥친 문제를 해결해 주실까요?" 말끝에 한숨이 묻어 나왔다.

"무슨 문제라도 생겼나요?"

"지금 회사에 큰 위기가 닥쳤어요. 컴파일 오류[25]정도가 아니라 시스템 전체가 다운될 판입니다." 나는 소파에 털썩 몸을 던지듯 앉았다. "이 말은… 우리가 모든 걸 잃을 수도 있다는 뜻이에요." 내가 J의 눈을 똑바로 바라보며 물었다. "…이럴 때, 신앙이 나한테 도움을 줄 수 있을까요?"

J가 따뜻한 찻잔을 내밀며 대답했다. "하나님은 대표님의 문제를 대신 코딩해 주시는 '프리랜서 엔지니어'[26]가 아닙니다. 버그가 터졌을 때, 밤

---

25 컴파일 오류(Compile Error): 작성된 코드를 컴퓨터가 실행 가능한 형태로 변환(컴파일)하는 과정에서 발생하는 오류. 오류가 해결되기 전까지 프로그램이 실행되지 않음.

26 프리랜서 엔지니어(Freelance Engineer): 특정 회사에 소속되지 않고 독립적으로 활동하는 기술 전문가. 여러 기업이나 개인 고객으로부터 프로젝트 단위로 의뢰를 받아 소프트웨어 개발, 시스템 설계, 보안 점검 등의 업무를 수행함.

새 곁에서 커피를 타 주며 응원해 주시는 '아버지'에 더 가깝죠."

"……?"

"신앙은 고난을 삭제하는 매크로[27]가 아니거든요. 대신 문제를 바라보는 해상도를 바꿔 주죠."

"해상도요?"

"네. 픽셀이 깨진 화면으로 보면 재앙이지만, 전체 그림으로 보면… 지금이 하나님을 더 깊이 신뢰할 수 있는 '디버깅 시간'일지도 모르니까요. 물론, 신앙이 종종 폭풍을 멈추게 해 주기도 하지만, 그보다는 폭풍 속에서 배를 버리지 않게 도와줄 때가 더 많죠."

나는 실망감이 역력한 표정으로 되물었다. "그럼… '실행취소' 버튼은 없다는 말인가요?"

"네, 없어요." J가 단호하게 답했다.

"그럼 '강제종료' 버튼은요?"

"그것도 없어요." J가 고개를 저었다. "하나님은 문제를 강제종료 시키시는 게 아니라, 문제 속에서 대표님과 함께 계시는 분이거든요."

나는 허탈한 한숨을 내쉬었다. "그럼 단축키[28]가 하나도 없다는 거네요."

"단축키는 있어요." J가 빙긋 웃었다. "'기도'라는 단축키요. 다만 그건 '문제삭제 키'가 아니라 '하나님과의 연결 키'입니다." 그가 한층 진지해진 어조로 말했다. "잔잔한 바다에선 어떤 배든 항해하는 데 별 문제가 없습니다. 하지만 파도가 칠 때, 비로소 배의 엔진성능이 드러나는 법이죠."

나는 한동안 찻잔 속 차잎을 묵묵히 내려다보았다. 문제를 없애 달라고 떼를 쓰러 왔는데, J는 오히려 내 태도를 묻고 있었다. "결국 결과는 내 손을 떠났다는 거군요. 그분께 맡겨보라는….'"

"그렇다고 손 놓고 계시란 얘기는 아닙니다. 대표님이 할 일은 그대로

---

27 매크로(Macro): 자주 사용하는 여러 개의 명령어를 하나로 묶어, 단 한 번의 키 입력이나 클릭만으로 복잡한 과정을 자동실행하게 만드는 기능.

28 단축키(Shortcut): 특정 기능을 빠르게 실행하기 위한 키 조합. 예로 Ctrl+C(복사), Ctrl+V(붙여넣기) 같은 것들이 있음.

하셔야죠. 책임감 있게 최선을 다해 사태를 수습하십시오. 하지만…”

“하지만…?”

“결과에 대한 공포는… 내려놓으십시오.”

“말은 쉽네요.” 나는 비아냥이 섞인 목소리로 받아쳤다. 그의 무책임한 말이 어이없었기 때문이다.

“레오 대표님, 분명히 짚고 넘어가셔야 할 게 하나 있습니다.” J가 차분히 말을 이었다. “대표님은 회사를 세웠지만, 대표님을 세운 분은 따로 계시다는 것을요.”

나는 여전히, 실망감에 아무 말도 하지 않았다.

“대표님이 믿고 맡기시려는 그 하나님이, 정말 신뢰할 만한 분인지 스스로에게 물어보십시오. 그분이 누구인지 제대로 모른 채 그분께 문제를 맡기는 건, 스펙도 모르는 서버에 핵심데이터를 백업하는 것만큼 불안한 일이니까요.”

“J 씨는 정말… 사람을 생각하게 만드는 버그 같은 재주가 있어요.”

J가 어깨를 으쓱했다. “버그라니요, 정확히 설정된 알람이라고 해 두죠.” 그러더니 가볍게 웃으며 덧붙였다. “돌멩이 하나를 던져 호수 전체에 파문을 일으키는 것, 그게 제 전공이거든요.”

나는 수긍하듯 고개를 끄덕였다. “오늘 그 돌멩이, 제 시스템 정중앙에 떨어졌네요.” 그리고 나는 천천히 자리에서 일어섰다.

위기는 여전히 거기 있었다. 하지만 그 위기를 향해 걸어가는 내 발걸음은 이미 달라져 있었다.

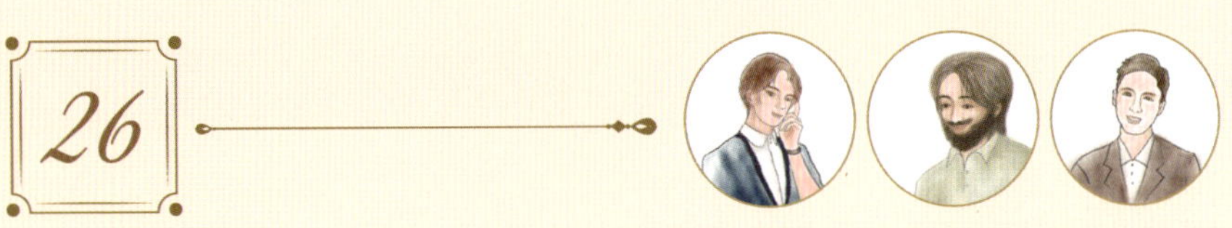

26

냉정한 현실

'내가 모든 걸 통제할 수는 없다. 하지만 하나님께 맡길 수는 있다.' 이 사실을 되뇌이며… 회사의 위기를 해결하기 위해, 예전과는 다른 방식으로 접근해 보기로 했다.

그때 황 비서가 들어왔다. "대표님, 보안팀에 긴급회의를 소집했습니다."

난 고개를 끄덕이며 말했다. "알겠어. 그런데, 이번엔 우리 방식대로 해결하지 않을 거야."

황 비서가 의아한 표정을 지었다. "우리 방식이 아니라니요? 그럼 어떻게 해결하시려고요?"

나는 천천히 숨을 들이마셨다. "냉정하게 분석하면서 해결책을 찾되, 결과는 하나님께 맡기자."

황 비서는 순간 당황한 듯했다. 그리고 (나와 사적인 얘기를 나눌 때면 늘 그렇듯) 갑자기 반말 모드를 장착했다. "…형이 요즘 뭔가 달라졌다 싶긴 했는데… 설마 정말 크리스천이 된 거야?"

나는 피식 웃으며 말했다. "글쎄…? 이런 걸 크리스천이라고 하나…?
아무튼 이번 문제는 하나님께 한번 맡겨 보려고!"

말은 그렇게 했지만, 가슴은 여전히 두근거리고 있었다.

◆

회의실 분위기는 얼어붙은 듯 초긴장 상태였다.

보안팀장이 심각한 얼굴로 프리젠테이션을 시작했다. "현재 로보스토
리 AI 보안 시스템에서 구조적 취약점이 식별되었습니다. 아직까지 실제
침해 사례나 데이터 유출은 보고되지 않았지만, 위협 벡터[29]가 명확한 만
큼, 조속한 패치와 방어체계 강화가 필요합니다."

순간, 회의실에 팽팽한 긴장감이 감돌았다.

예전의 나였다면, 이 문제를 덮고 은밀히 해결하려 했을 것이다. 패치완
료 후, 필요하다면 '기술 고도화 작업' 정도로 공지하는 걸로 말이다.

내 안에서 또 한번 갈등이 계속되었다. 지금이라도 표현을 순화할 수 있
잖아? 그게 죄도 아니고…. '취약점' 대신 '잠재적 이슈, '위협 벡터' 대신
'개선 포인트'. 그럼 어느 정도 주가도 방어하고 신뢰도도 관리할 수 있지
않을까?

잠시 고개를 젖히고 눈을 감았다. '하나님은 내가 어떻게 하길 원하실
까?'란 생각이 끝내 떨쳐지지가 않았다.

내가 단호히 말했다. "이 문제를 공식적으로 발표하겠습니다."

즉각 회의실이 술렁이기 시작했다. 보안팀장이 놀란 얼굴로 되물었다.
"대표님, 이 사실을 공개하면… 순식간에 회사에 대한 신뢰도가 떨어질
겁니다!"

나는 고개를 끄덕였다. "알고 있습니다. 하지만 이번엔 투명하게 대응
하는 게 옳다고 생각합니다. 고객들에게 현재상황을 사실대로 공지하고,
보안패치와 리스크 완화조치를 신속하게 진행하세요. 대응 프로세스는

---

29 위협 벡터(Threat Vector): 해커 혹은 악성 공격자가 시스템에 침투하기 위해 사용하는 경로나 수단. 이
메일 피싱, 악성 링크, 보안이 취약한 소프트웨어 등 공격이 시작되는 모든 진입점을 가리킴.

최대한 ISO/IEC 27001[30)]기준에 맞춰 진행합니다.”

팀원들은 믿기 어렵다는 듯 나를 바라보았다. 예전 같았으면 절대 하지 않았을 선택.

그러나… 이제 나는 다르게 살기로 하지 않았는가?

◆

기자회견장. 플래시가 연신 터졌다.

“로보스토리는 최근 AI 보안시스템 내 주요 취약점을 식별했습니다. 현재까지 실질적 피해는 발생하지 않았지만, 해당 취약점을 신속히 패치 중입니다. 만약 이로 인해 피해가 발생할 경우, 전적으로 책임지고 대응하겠습니다.”

거침없는 질문들이 쏟아졌다.

“고객정보 유출 가능성은 완전히 배제됩니까?”

“발표가 너무 성급한 것 아닌가요?”

“투자자 입장에서 매우 불안정하게 보일 수 있습니다. 전략적으로 타당한 결정입니까?”

마이크를 잡은 내 손에 힘이 들어갔다. “기업의 신뢰는 투명성에서 시작된다고 믿습니다. 우리는 국제적 대응 프로토콜에 따라 리스크를 최소화하고 있습니다. 기술적 조치만큼 윤리적 책임도 중요하기 때문입니다. 고객에게 사실을 정확히 공유하는 것, 그것이 우리의 책임이라고 생각합니다. 우리는 문제를 숨기는 기업이 아니라, 문제를 책임지는 기업이 되겠습니다.” 말을 다 마치고 나서야, 내 심장이 얼마나 빠르게 뛰고 있는지 비로소 느낄 수 있었다.

---

30 ISO/IEC 27001: 국제표준화기구(ISO)와 국제전기기술위원회(IEC)가 공동으로 제정한 정보보안 관리 국제 표준. 기업이 정보자산을 체계적으로 보호하고 있음을 공식적으로 인증받는 제도로, 이 인증을 획득한 기업은 국제적으로 인정받는 수준의 보안 관리 체계를 갖추고 있다는 의미임.

하지만 시장은 냉정했다. 다음 날 개장 직후, 주가 24% 급락. 투자자들의 불안감이 극에 달했다. 그래프는 거의 수직에 가까웠다. 마치 번지점프를 하는 것처럼. 문제는 안전줄이 보이지 않는다는 것이었다.

시가총액이 몇 분 만에 수천억 원 증발했다는 숫자가 화면에 떴다. SNS와 언론은 빠르게 반응했다.

"로보스토리 보안 위기 자폭, 시총 수천억 증발"

"정직함을 내세운 AI 기업, 자충수? 투자자 패닉!"

기술적 약점이 드러나면서, 우린 이제 '정직함'을 넘어서 '기술 신뢰성의 부재'를 극복해야 하는 과제를 직면하고 있었다.

황 비서가 다급히 들어왔다. "대표님, 투자자들이 패닉 상태입니다. 대응전략을 다시 짜야 하지 않을까요?"

나는 모니터 속, 폭락하는 주가 그래프를 보며 깊은 숨을 들이마셨다. '내 선택이 틀린 걸까…? 주가가... 계속 떨어지고 있어. 투자자들은 분노하고... 직원들은 불안해하고... 이러다 내가... 회사를 망치는 게 아닐까?'

숨이 막혔다. 가슴이 조여 왔다. 말로는 하나님을 붙잡는다고 했지만, 실은 주가그래프를 더 세게 붙잡고 있었음을 인정해야 했다.

그때 J의 말이 떠올랐다. '하나님은 대표님의 엔지니어가 아니라 아버지이십니다.'

"아버지…" 나는 눈을 감았다. "하나님 아버지, 도와주세요." 짧은 기도였다. 문장도 서툴렀다. 하지만 그 한마디 안에는 두려움과 계산, 책임과 후회, 그리고 갈급함과 애절함이 모두 섞여 있었다.

다시 눈을 떴다. 하늘은 여전히 침묵하고 있었다. 대신 휴대폰이 울렸다.

추가 하락 알림... 현실은 너무도 냉정하고 가혹했다.

숲속 오두막

그 주 토요일, 산에 올랐다. 나는 원래 혼자 등산하는 걸 좋아한다. 산길을 걷다 보면 복잡한 생각들이 정리되고, 이상하게 풀리지 않던 문제의 실마리도 툭 튀어나오곤 하기 때문이다.

그날도 간단히 배낭을 챙겼다. 물, 간식, 얇은 바람막이. 그리고 마지막으로 배낭 옆주머니에 위장약을 쑤셔 넣었다. 요즘 자주 속이 쓰렸기 때문이다.

하늘은 높고 푸르렀다. 초가을 바람이 선선했다. 이 정도면 완벽한 회복 코스란 생각이 들었다.

차를 주차하고 능선을 향해 30분쯤 걸었을 때였다. 이상하게도, 길이 낯설게 느껴졌다. 분명 수십 번은 온 길이다. 표지판조차 보이지 않았다. 발걸음을 옮길수록 확신이 사라지면서, 자존심에 경고등이 들어왔다. '아니야. 내가 길을 헷갈릴 리 없어.' 회사도, 인생도 늘 내가 방향을 잡아왔다고 믿었으니까.

지도 앱을 켰다. 신호 없음. 한 번 더 켰다. 여전히 신호 없음.

초조해진 나는 괜히 더 잰걸음으로 걸었다. 속이 쓰렸다. 30분이면 끝날 코스가 한 시간을 넘겼다. 오늘따라 이상하게 등산객조차 전혀 보이지 않았고, 휴대폰은 여전히 먹통이 되었다.

그때 먹구름까지 몰려오기 시작했다. 방금 전까지 그렇게 푸르던 하늘이 순식간에 얼굴을 바꾸었다. 결국 빗방울이 후두둑… 일기예보는 분명 맑음이었다. 그래서 비옷도 챙기지 않았는데… 빗줄기가 점점 거세졌고 숲이 삽시간에 어두워졌다.

'이러다 조난당하는 건 아니겠지?'

뉴스 헤드라인이 갑자기 머리를 스쳤다. "AI 기업 대표, 아날로그 산에서 길 잃다."

구겨질 체면 생각에 마음이 더 심란해졌다. 뭔가 전략을 세워야 했다. 그래서 일정 간격으로 나무에 표시를 하기 시작했다. 그리고… 한참을 걸었다고 생각했는데, 아까 표시한 나무가 다시 나타났다. 허탈하게 발걸음을 멈췄다. 앞으로 가고 있다고 믿었는데, 현실은 제자리였다. 마치 깊은 수렁에 빠져 헤매고 있는 회사의 모습처럼….

빗물인지 땀인지 모를 것이 얼굴을 타고 흘렀다. 발밑의 흙이 유난히 축축하다고 느낀 순간, 이미 늦었다. 발이 미끄러졌다. 몸이 휘청하더니… 산비탈을 따라 굴러 떨어졌다. 나뭇가지에 옷이 찢기고, 돌뿌리에 등이 찍혔다. 시야가 빙글빙글 돌았다. "사람 살려!"

그때 희미한 목소리가 들렸다. "대표님? 레오 대표님!"

그대로 의식이 끊겼다.

———————◆———————

타닥타닥 타는 장작 소리에 눈을 떴다. 온몸이 욱신거렸다. 주변을 둘러보았다. 낡은 오두막.

여기가 어딘지, 눈을 찌푸리고 있는데, 끼이익— 문이 열리며 익숙한 실루엣이 들어왔다.

J였다. "정신이 좀 드세요?"

"아니, J 씨가 어떻게 여기에…?"

"친구가 운영하는 산장인데, 주말 알바 중입니다."

"그런데 내가 어떻게 여기 와 있는 거죠..? 아아…!" 갑자기 다리에 통증이 느껴져 신음소리가 절로 나왔다.

"산장에 있는데… 멀리서 비명소리가 들리는 거예요. 그래서 서둘러 나가 봤더니 글쎄 레오 대표님이 정신을 잃고 쓰러져 계시지 뭐예요?"

"놀랍네요."

J가 날 바라봤다. "대표님, 산에서는 GPS가 잘 안 잡힙니다." 그리고 잠시 멈추더니 덧붙였다. "그래서 옛날 사람들은 하늘을 보고 길을 찾았죠."

"하늘…" 난 천장을 바라봤다.

J가 건넨 차를 한 모금 마시자 속이 따뜻해지면서 한기가 좀 가시는 것 같았다.

"다행히 뼈는 안 다치셨네요. 그냥 몇 군데 찰과상만 입으신 거니까… 걱정 안 하셔도 되겠어요."

"아니, 이 산장엔 엑스레이 장비도 있나 보죠?" 지나치게 확신하는 어투에… J의 말이 미덥지가 않아 따지듯 물었다.

"하하, 굳이 따지자면 엑스레이 장비가 있긴 있죠. 바로 제 눈요. 다만... 제 장비에는 특수필터가 달려 있어서... 뼈의 금뿐만 아니라 마음의 금도 아주 잘 보인답니다." 그러더니 J가 장난스럽게 덧붙였다. "방사선 노출 걱정은 안 하셔도 되지만, 대표님의 '솔직함'이 노출되는 건 피하실 수 없을 겁니다. 그건 납 차폐복으로도 못 막거든요."

J의 농담이 어이없어 피식 웃고 말았다.

J가 새삼 걱정스러운 표정을 지으며 말했다. "요즘 위가 안 좋으신가 보군요."

"…아니, 그건 또 어떻게 알았어요?"

"배낭 주머니에 위장약이 있는 걸 보고… 그냥 던져 봤는데요?" J가 껄껄 웃으며 대답했다.

"J 씨는 셜록 홈즈예요, 뭐예요?"

"셜록 홈즈요?" J가 생각하는 척하며 말했다. "음... 비슷하긴 한데, 차이가 있다면…"

"차이가 있다면?"

"셜록은 '관찰'로 추리하지만, 저는 '관심'으로 알아챕니다." J가 말했다. "대표님이 힘드실 때 제가 눈치채는 건, 추리력 때문이 아니라…" 그는 침을 꿀꺽 삼켰다. "제가 대표님께 신경 쓰고 있기 때문이에요."

나는 할 말을 잃었다. 가슴이 뭉클했다.

"그리고…" J가 장난스럽게 덧붙였다. "셜록은 바이올린을 켜지만, 저는 차를 잘 우립니다."

나는 웃으면서도 눈시울이 뜨거워졌다. "사실… J 씨랑 대화를 나누고 싶었어요…."

J가 찻잔을 내려놓으며 나를 똑바로 응시했다. "알고 있습니다. 주가폭락이라는 거대한 버그를 만나셨으니, 시스템 관리자인 그분께 따지고 싶은 게 많으시겠죠." 그의 통찰력은 비에 젖은 옷보다 더 서늘하게 내 속을 파고들었다. J가 진지한 표정으로 말했다. "대표님."

"네?"

"인생길에서 지도 앱이 안 잡히는 이유가 뭔지 아세요?"

"뭔데요?"

"대표님 인생이 아직 '오프라인 모드'이기 때문이에요. 그리고… 대표님이 길을 잃은 건 산이 아닙니다."

"그럼 뭐죠?"

J는 오두막 창밖, 숲을 가리키면서 대답했다. "대표님이 지도 없이 걸어온 인생입니다."

"…."

나는 아무 말도 할 수 없었다. 아마도, 이번엔 내가 길을 찾는 게 아닌, 길을 묻는 시간이 될 것 같았다.

하나님과의 밀당?

차를 한 모금 마신 후, 내가 무겁게 가라앉은 목소리로 말을 꺼냈다. "지난번에 J 씨가 그랬잖아요. 신앙은 하나님께 맡기는 거라고요." 시선은 여전히 찻잔을 향한 채, 내가 천천히 말을 이었다. "그런데 맡겼으면 마음이 편해야 하는데… 전혀 그렇지가 않네요. 회사가 창립 이래 최대 위기를 맞았어요. 이젠 급기야… 도산 얘기까지 나오고 있죠."

여기까지 말하고 나서 나는 자조적인 쓴웃음을 지었다. '내가 지금 뭘 기대하는 거지? 사업 경험도 전혀 없는, 일개 인턴한테… 구조조정 전략이라도 물을 생각인가?'

하지만 J는 흔들림 없는 눈빛으로 나를 바라보며 나직이 입을 열었다. "대표님, 지금 회사가 무척 어렵다는 것 잘 압니다."

내가 힘없이 말했다. "서툰 기도지만… 나도 요 며칠동안, 나름 믿음을 가지고 하나님께 기도를 해 봤어요. 하지만 상황이 도무지 나아질 기미가 보이지 않네요. 아무래도 하나님이 나한테는 전혀 관심이 없으신가 봐요. 그동안 내가 하나님을 부인하면서 죄 지었던 걸… 벌주시는 걸까요?"

내 비관적인 추측에, J가 고개를 가로저으며 분명하게 대답했다. "대표님이 예수님을 영접하는 순간, 죄와 사망의 노예였던 신분이 하나님의 자녀 신분으로 완전히 변화되었다고 말씀드린 것, 기억나시죠?"

"내 말이 바로 그거예요. 내가 정말 하나님의 자녀라면… 아버지인 하나님이 자녀의 문제를 당연히 해결해 주셔야 하는 거 아니에요? 그러면서 나는 얼마전 읽은 성경을 나직하게 되뇌었다.

"하나님과 '밀당'하지 말고, 그냥 솔직하게 필요한 걸 구하렴.
하나님과 우리의 관계는 쥐와 고양이처럼
술래잡기 하는 것도, 숨바꼭질을 하는 것도 아니란다.
자녀가 빵을 달라는데, 톱밥을 뭉쳐
빵인 것처럼 속여서 줄 부모가 있을까?
자녀가 생선을 달라는데, 뱀을 산 채로 아이 국대접에 슬쩍 넣어,
아이를 기겁하게 만들 부모가 있겠냔 말야.
너희가 아무리 나쁜 사람이라도 그런 건 상상도 못 하겠지.
아무리 악한 사람이라도, 적어도 자기 자식에게는
잘 해주는 게 인지상정(人之常情)이니까….
하물며, 널 사랑으로 잉태하신 하나님께서,
네게는 훨씬 더 잘 해주시지 않겠니?"[31]

J는 내 인용에 고개를 끄덕이며 깊이 호응했다. "맞아요. 하나님께서는 자녀에게 최고의 것을 주기 원하세요. 그런데 하나님께 최고의 것을 받기 위해서는 먼저 한 가지 조건이 있어요."

"그게 뭔데요?"

"하나님의 자녀가 되어야 하는 거죠."

"아니, 왜 같은 말을 자꾸 반복하는 거죠? 내가 예수님을 영접하는 순간, 하나님이 내 아버지가 되어 주셨다면서요? 그 말은… 내가 하나님의

---

31 성경 마태복음 7:7-11, 유진 피터슨의 메시지(The Message)성경, 허계영 번역

자녀가 됐다는 얘기 아니에요?”

“레오 대표님, 하나님의 자녀가 된다는 게 무슨 의미라고 생각하세요?”

“그건 또 무슨 소리예요?” 똑 같은 얘기를 계속 반복하는 J에게 짜증이 나, 내가 볼멘소리로 되물었다.

J는 내 조바심을 다 안다는 듯 인자한 미소를 지었다. “대표님은 지금 하나님께 신분증을 들이대면서 항의하고 계신 것 같군요.”

“신분증이요?”

“네. ‘나 자녀 멤버십 가입했으니 서비스 내놓으라’고 말이에요. 아버지는 대표님과 대화하고 싶어 하시는데, 대표님은 자꾸 ‘고객센터’ 연결만 시도하시는 것 같아서….”

나는 정곡을 찔린 듯 아무 말도 하지 못했다.

J는 차분히 설명을 덧붙였다. “왕실에 입양된 거지가 있다고 생각해 보세요. 그가 하루 종일 ‘왕자의 신분으로 챙길 게 뭐가 있을까?’만 계산한다면, 그건 신분에만 관심이 있다는 뜻이겠죠. 하지만 그가 아버지와 함께 식탁에 앉는 걸 더 기뻐한다면, 그건 관계에 더 관심을 갖는 것일 테고요.”

나는 부끄러움에 고개를 떨구었다. “그러니까 제가 요즘… 하나님께 결재 요청서만 올리고 있었군요.”

“네. 게다가 결재란에 ‘당일처리 요망’이라고 빨간색 긴급승인 표시까지 해 두신 것 같습니다.” J가 빙긋이 웃으며 대꾸했다.

나도 어이없는 웃음이 터졌다. 하지만 한편으로 가슴이 찔렸다. “그럼… 하나님은 결재시스템 안 쓰시나요?”

“쓰시긴 합니다.” J가 찻잔을 만지작거리며 미소 지었다. “하지만 좀 다릅니다.”

“어떻게요?”

“하나님의 결재시스템은 대표님의 속도보다 훨씬 더 정교한 타임라인으로 돌아가지요.”

“네?”

J가 차근차근 설명을 이어갔다. "'긴급도'가 아니라 '필요도'를 우선순위로 정하신다는 말입니다. 그리고…" 그는 잠시 뜸을 들이더니 덧붙였다. "결재란에 싸인하시기 전에, 먼저 '같이 밥 먹을 시간'부터 잡으려 하시죠."

나는 묵묵히 고개를 끄덕였다. "그러고 보니 내가 하나님과의 관계에서… 너무 계산적이었단 생각이 드네요. 마치 부모를 전혀 사랑하지 않으면서, 유산을 받아낼 욕심이나 부리는 불효자식처럼 말이에요."

"하나님은… 자녀가 하나님을 아버지로 신뢰하고, 사랑하길 원하세요. 그런데 대부분 사람들이… 하나님과의 사랑의 관계보다는, 하나님으로부터 얻어낼 축복에만 관심을 두죠. 그런 태도를 뭐라고 하는지 아세요?"

"기복신앙…?"

J가 고개를 끄덕이며 나와 시선을 맞췄다. "대표님 회사 고객 중에도 그런 사람들 있지 않습니까?"

"어떤 사람요?"

"제품은 안 사면서, 사은품만 받아가려는 사람들요."

내가 격한 동의의 눈짓을 보내자, 그가 유쾌하게 웃으며 응수했다. "하나님이 기복신앙을 싫어하시는 이유가 바로 그거예요. 거기엔 사랑이 없기 때문이죠."

나는 그의 통찰에 수긍했다. "그럼… 기복신앙은 일종의 '자판기 신앙'인 건가요? 버튼만 누르면, 원하는 게 나오길 바라는…?"

J가 눈을 반짝이며 말했다. "오! 완벽한 비유입니다!" 그가 고개를 끄덕였다. "문제는…"

"문제는…?"

"하나님은 '자판기'가 아니라, '아버지'라는 거죠." J가 나직하고도 진지하게 읊조렸다. "자판기는 동전만 받지만, 아버지는 '마음'을 받으신답니다."

그 말에 나는 깊은 숨을 들이켰다.

J가 부드러운 어조로 덧붙였다. "그리고… 자판기는 정확히 선택한 것

만 주지만, 아버지는 때로 우리가 선택한 것보다 더 좋은 걸 주시죠.”

“심지어 우리가 원하지 않는 것도 주시던데요?” 여전히 풀리지 않은 현실적인 고단함에, 내가 뚱한 표정으로 대꾸했다.

J는 그런 나를 달래듯 말했다. “왜냐하면 아버지는 자녀한테 뭐가 필요한지, 자녀 자신보다 훨씬 더 잘 아시니까요.”

나는 반박할 수 없는 진실 앞에 묵묵히 고개를 끄덕였다.

잠시 후 J가 침묵을 깨고 질문을 던졌다. “레오 대표님, 성경에서 가장 큰 계명이 뭔지 아세요?”

“예수님이 그러셨잖아요, ‘네 마음을 다하고 목숨을 다하고 뜻을 다하고 힘을 다하여 주 너의 하나님을 사랑하라’[32]고요.”

“그것만 봐도 아시겠죠? 하나님이 가장 원하시는 게 뭔지….”

“네, 이제 확실히 알겠어요. 신분보다 관계! 축복보다 사랑!”

J가 밝게 웃으며 확답을 주었다. “대표님, 방금 ‘신앙 2.0’으로 업그레이드 되셨네요.”

“신앙 2.0이요?”

“네.” J는 IT 용어로 비유를 이어갔다. “신앙 1.0은 ‘거래형’입니다. ‘내가 이걸 하면 하나님이 저걸 주시겠지’ 이런 거죠.”

“맞아요. 제가 그랬죠.”

“하지만 신앙 2.0은 ‘관계형’입니다.” J가 진지하게 말했다. “‘하나님을 사랑하니까 하나님과 함께하고 싶다’ 이런 거예요.”

나는 그 새로운 패러다임을 마음에 새기며 고개를 끄덕였다.

그때 J가 장난스럽게 손을 들어 올리며 주의를 환기했다. “다만…”

“다만…?”

“가끔 1.0으로 롤백하려는 경향이 있을 수 있으니, 주의하세요.” J가 윙크했다.

나는 웃음을 터뜨리면서도, 그 경고를 마음 깊이 새겨들었다.

J가 차분한 목소리로 말을 이었다. “그런데 대표님, 아버지를 진심으로

---

32 성경 마가복음 12:30

사랑하는 것과 함께… 아버지를 진정으로 신뢰하는 것도 중요해요. 사랑
이 관계이듯, 신뢰도 관계니까요.”
“신뢰라…?”
“네, 하나님을 아버지로 인정한다는 것은, 그분을 신뢰한다는 뜻이기
도 하죠. 그런데 하나님을 신뢰한다는 게 무슨 뜻일까요?”
“믿고 맡기는 것?”
“그렇죠. 레오 대표님, 성경에도 그걸 보여준 한 사람이 있어요.”

29

'항복'이라는 이름의 '승리'

그러면서 J는 성경 이야기를 들려주었다. "야곱은 원래 야심가였어요. 자기 힘으로 모든 걸 이루려 했죠. 형의 발꿈치를 잡고 태어났고, 형의 축복을 가로챘을 뿐 아니라, 외삼촌의 재산을 자기 것으로 만들었죠. 오늘날로 치면, 아주 유능한 엔지니어이자 노련한 사업가였죠. 경쟁사의 기술을 인수합병(M&A)하는 데 도가 튼 사람이었거든요." J는 잠깐 멈추더니, 날 보며 눈을 찡긋했다. "아마 야곱이 대표님 회사에 인턴으로 들어왔다면, 일주일 만에 제 자리를 빼앗았을지도 모릅니다."

내가 웃음을 터뜨렸다.

그가 계속했다. "그런데 그런 야곱에게도 도저히 계산되지 않는 위기가 찾아왔어요. 분노한 형이 군사들을 이끌고 오고 있었거든요."

나는 마른침을 삼켰다. 지금의 내 처지와 너무나 비슷했으니까.

"야곱은 가족과 재산을 모두 강 건너로 보낸 뒤, 얍복 나루터에 혼자 남았습니다. 인생의 모든 '백업 데이터'를 날리고 홀로 선 셈이죠. 그런데 그 어둠 속에서 갑자기 웬 낯선 이가 나타나 야곱을 붙잡았어요. 이렇게 둘 사이에 레슬링이 시작되었죠. 둘은 흙먼지를 뒤집어쓰며 밤새도록 엉겨 붙어 싸웠어요.”

“밤새도록요?”

“네, 인간이 하나님과 씨름할 때 보통 밤새는 이유가 있습니다.”

“그게 뭔데요?”

“인간 쪽에서 포기 버튼을 잘 안 누르거든요.” J가 뼈 있는 농담을 던졌다. 그러더니 J는 다시 이야기로 돌아갔다. “야곱의 레슬링 상대는 사실 하나님이셨는데, 야곱이 얼마나 지독하게 버텼는지 몰라요. 결국 하나님은 야곱을 이길 수 없다는 걸 아시고, 일부러 야곱의 고관절을 쳐서 탈골시켜 버렸어요. 시스템의 가장 핵심적인 뼈대를 무너뜨리신 거죠.” J의 눈빛이 장작불에 반사되어 빛났다. “동이 트기 시작하자, 하나님이 말씀하셨어요. ‘날 보내주게. 날이 밝았네.’

하지만 야곱은 탈골된 다리를 질질 끌면서도 하나님의 옷자락을 놓지 않았습니다. 그리고 이렇게 절규했죠. ‘절 축복해 주시기 전에는 절대로 안 보내 드릴 거예요!’”

나는 야곱의 그 절규가 마치 내 안에서 터져 나오는 것 같아 가슴이 떨렸다.

“그러자 하나님이 물으셨어요. ‘자네 이름이 뭔가?’

야곱은 가쁜 숨을 몰아쉬며 대답했죠. ‘야곱입니다.’

그러자 하나님은 야곱에게 새로운 운명을 선언하셨어요. ‘이제 자네 이름은 더 이상 야곱이 아니네. 이제부터는 이스라엘, 즉 ‘하나님의 레슬러’라네. 자네가 하나님과의 레슬링에서 이겼기 때문이라네.’

야곱은 그분의 이름조차 알지 못했지만, 바로 그 자리에서 항복과 동시에 가장 큰 축복을 받았습니다.”

J가 나를 보며 부드럽게 덧붙였다. “그런데 좀 이상하지 않나요? 졌는데 이겼다고 하니….”

“그러게요. 우리 어머니가 늘 말씀하신 거처럼 ‘지는 게 이기는 거다’ 뭐 그런 건가…?”

“맞아요! 바로 그거예요! 하나님과의 싸움에서는, 바로 지는 게 이기는 거예요.” J가 무릎을 치며 호응했다. “야곱의 고관절이 탈골됐다는 건 우연한 일이 아니에요. 고관절은 사람이 자기 힘으로 걷게 하는 중심이잖아요. 하나님은 야곱이 평생 자기 힘으로 걷던 방식을 멈추게 하신 거예요.”

“……”

“하나님이 그의 ‘독자생존 시스템’에 ‘강제종료’ 명령을 내리신 겁니다. 스스로 걸을 수 없게 만드심으로써, 이제 더 안전한 ‘하나님표 자율주행 모드’로 전환해 주시려는 배려였죠. 이제 혼자 걷지 말고… 하나님 손잡고 걸으라고요.”

“하나님의 손을 잡고 걷는다고요?”

“네, 하나님께서 내 삶을 최고로 인도해 주실 걸 신뢰하고 전적으로 다 맡기는 것…! 이게 언뜻 보기엔 항복이고 패배인 것 같지만, 하나님은 그걸 ‘승리’라고 인정해 주세요. 하나님도 야곱이 꼼짝 못하게 된 다음에 오히려 야곱한테 판정승을 선포하시고, 야곱을 축복하셨으니까요.”

“그러니까… 야곱이 이긴 건, 끝까지 버텨서가 아니라… 더는 자기 힘으로 설 수 없게 되었기 때문이라는 건가요?”

“맞습니다.” J가 확신 있게 고개를 끄덕였다. “야곱이 자기 힘을 내려놓고 하나님께 매달린 순간, 진짜 이긴 거예요.”

나는 야곱의 무너진 자존심 위로 피어난 승리를 떠올리며 중얼거렸다. “놀랍네요. 우리 어머니의 지론이 이렇게 범우주적이었다니!”

“하하, 맞습니다. 믿음은요… ‘붙잡는 힘’이 아니라 ‘맡기는 힘’이랍니다.” J의 목소리는 부드러웠지만, 그 저변에 단단함이 서려 있었다. “내가 주인 노릇을 포기하는 순간, 하나님이 진짜 주인이 되어 주세요. 내가 인생의 운전대를 꼭 붙들고 있을 때는 하나님이 조수석에 앉아 계시지만… 내가 핸들을 놓는 순간, 하나님이 운전석으로 자리를 옮겨 앉으시죠.”

“그럼 난 지금까지… 하나님을 조수석에 태워 놓고 운전강습을 시켜 드린 셈이네요.”

J가 웃음을 터뜨리며 말했다. “하나님께 운전강습을 시켜 드렸다니, 정말 대단한 배짱이십니다. 전 우주를 설계하신 분께 ‘브레이크는 여기서 밟으세요’라고 훈수를 두신 셈이니까요. 그런데도 하나님은 대표님이 핸

들을 놓을 때까지 꽤나 인내심 있게 기다려 주신 것 같습니다."

나도 따라 웃었지만, 가슴에 뭔가 쿵 하고 부딪치는 느낌이었다. 그렇다. 나는 지금까지 이기려고만 살았다. 지지 않으려고. 통제하려고. 계산하려고.

그때 J가 문득 흥미로운 생각이 난 듯한 표정을 지었다. "레오 대표님, 제가 재미있는 얘기 하나 해 드릴까요?"

"네. 좋죠!" 난 이야기 보따리를 풀어놓는 할머니 앞에 앉은 어린아이처럼, 기대감을 갖고 귀를 쫑긋 세웠다.

"옛날에 어떤 청년이 인생의 짐이 너무 무거워 수도사를 찾아갔어요. 수도사는 정원을 가꾸다 말고 청년을 향해 무심하게 보따리 하나를 툭 던지며 말했죠. '이것 좀 들고 있게.'

청년이 낑낑대며 한참동안 보따리를 들고 서 있었지만, 수도사는 전혀 상관도 안 하고 자기 일만 계속했지 뭐예요?

결국 청년이 비명을 질렀답니다. '무거워 죽겠습니다! 언제까지 들고 있어야 하죠?'

그러자 수도사가 힐끗 보며 대꾸했대요. '아니, 무거우면 그냥 내려놓으면 되지, 왜 계속 들고 있나?'"

"하하하하" 뜻밖의 반전에 난 큰소리로 웃었다. 그러다 곧 J의 의도를 알아채고 고개를 끄덕였다.

J가 찻잔을 들며 말했다. "대표님, 사람들이 인생에서 가장 오래 하는 운동이 뭔지 아세요?"

"뭔데요?"

"불필요한 짐 들고 버티기입니다. 극단의 '데드리프트'[33]라고 할 수 있죠."

"내 얘기네요…" 난 씁쓸한 웃음을 지었다.

"레오 대표님, 무거우면 그냥 내려놓으세요. 하나님의 서버는 무제한 용량이라 대표님의 고민을 수천, 수만 개 업로드해도 전혀 과부하가 걸리지 않거든요. 혼자 들고 계시면 대표님의 메모리 용량만 낭비될 뿐입니다."

---

33 데드리프트(Deadlift): 바닥에 놓인 바벨을 들어 올리는 운동. 헬스장에서 "허리 조심!"이라는 말을 가장 많이 듣는 운동.

J가 내 문제를 너무도 정확히 집어 주는 것 같아, 시원함이 느껴졌다.

J는 계속했다. “그게 바로 아버지를 인격적으로 신뢰하는 태도예요. 하나님을 향한 믿음이죠. 하나님은 자녀들이 이렇게 하나님을 아버지로, 전적으로 신뢰하는 것을 아주 기뻐하세요. 그런데 문제는… 이 신뢰라는 게 하루 아침에 생기는 게 아니라는 거죠. 신뢰의 근육은 수많은 훈련을 통해 서서히 키워 나가는 거니까요.”

“신뢰의 근육이라고요?”

“레오 대표님, 어미 독수리가 새끼들에게 비행훈련 시키는 이야기 들어 보셨어요?”

“아니요.” 난 이번에도 J가 이야기 보따리 하나를 더 풀어 들려주길 기대하며 대답했다.

“어미 독수리는 새끼 독수리에게 나는 법을 가르칠 때, 인정사정 안 봐주고… 새끼를 절벽에서 떨어뜨려요. 새끼들은 고공낙하 하면서 극도의 불안과 공포를 느끼겠죠. 그러다 새끼 독수리가 땅에 닿기 직전에… 어미가 날아와 자기 날개로 새끼를 받아줘요. 이런 과정을 반복해 겪으면서… 새끼 독수리는 ‘내가 절벽에서 떨어져도 우리 엄마가 날개로 받아 줄 거야’라는 신뢰의 근육을 키워 나가죠. 그리고 나중에는 절벽에서 떨어지는 걸 오히려 즐기게 되는 거예요. 이렇게 점점 마음의 여유를 가지고… 이래저래 날개짓을 해 보면서 스스로 나는 법을 터득하게 된답니다.”

“그러니까 하나님께서도 우리가 신뢰의 근육을 키울 수 있도록 절벽에서 떨어뜨리신다는 얘긴가요?”

“네.” J가 고개를 끄덕이며 말했다. “그리고 대표님은 지금… 높은 절벽에서 훈련 중이신 것 같습니다.”

나는 투덜거렸다. “주가 폭락이… 비행훈련이라니. 하나님의 파일럿 학교는 꽤 거친 교육방식이군요.”

“꽤 높은 절벽에서 훈련 중이신 건 맞습니다. 하지만 걱정 마세요. 하나님의 안전망은 절대 끊어지는 법이 없으니까요.” J가 내 걱정을 덜어주려는 듯 힘주어 말했다. “지금, 대표님은 추락하는 게 아니라, 날개를 펼치기 위한 최적의 고도를 찾는 중이라고 생각하시는 게 더 맞을 겁니다.”

30

무섭지만 재미있는

"레오 대표님, 믿음을 한 마디로 정의하면 뭐라고 할 수 있을까요?" J가 찻잔을 내려놓으며 물었다.

난 난색을 표하며 말끝을 흐렸다. "글쎄요. 너무 난해한 질문 같은데…?"

"저는 믿음을 '모험'이라고 정의하고 싶어요." J가 진지한 어조로 말했다.

모험이라…. 어린 시절 이불 속에서 손전등을 켜고 읽던 톰 소여와 로빈 후드가 떠올랐다. 그때는 세상 모든 게 미지의 보물섬 같았는데, 어느새 나는 숫자와 손익계산서라는 감옥에 갇힌 어른이 되어 있었다.

상념에 빠지려던 찰나, J가 뜬금없이… 노래를 흥얼거리기 시작했다. "♬ 모험과 신비가 가득한 나라~ 우리가 꿈꾸던 그곳~ 함께 가요~ 여기는 롯데월드♬"

'저건 또 무슨 난데없는 선곡이지?' 했는데… '아! 한국에 처음 왔을 때 친구들과 갔던 놀이공원에서 하루 종일 흘러나오던 음악!' 어릴 적 추억이 떠올라 나도 모르게 함께 흥얼거렸다.

"레오 대표님은, 모험이 뭐라고 생각하세요? 왜 하필 그 단어가 동화책 제목이나 놀이공원의 캐치프레이즈가 되는 걸까요?"

"음… 무섭지만 재미있는 거 아닐까요? 바이킹이나 롤러코스터처럼요. 타기 전엔 무섭지만, 막상 타 보면 재밌어서 또 줄 서서 타잖아요."

"오!" J가 손뼉을 쳤다. "완벽한 비유네요! 맞아요. 그런데 대표님, 믿음이 왜 모험인지 아세요?"

"왜요?"

"모험 안엔 인간이 가장 싫어하는 두 가지가 동시에 들어 있거든요. 통제 불가능과 결과 미확정!" J는 내 눈을 깊숙이 들여다보며 말을 이었다. "하지만 하나님이 직접 설계하신 롤러코스터의 안전성을 믿고 타신다면, 스릴 넘치는 모험을 즐기실 수 있을 겁니다. 도중에 내리겠다고 문을 여는 무모한 짓만 안 하시면 됩니다." J가 빙그레 웃었다. "물론 비명은 좀 지르셔도 되지만요…"

그의 말에 난 쓴웃음을 지었다. 지금 내가 지르고 있는 비명이 연상되었기 때문이다.

그가 계속해서 말했다. "성경 속 인물들도 믿음의 롤러코스터를 탔어요."

"예를 들면요?"

"아브라함." J가 손가락을 하나 접으며 대답했다. "그는 하나님께서 '고향을 떠나라'고 하셨을 때, 어디로 가는지도 모르고 떠났어요." 그는 어깨를 으쓱했다. "요즘으로 치면 목적지도 모르는, 편도 항공권을 끊은 셈이죠."

나는 당혹스러운 듯 눈을 깜빡였다. "어디로 가는지도 모르고요?"

"오직 하나… 하나님이 약속하셨다는 사실만 있었죠. 아브라함은 정말 대단한 투자자였죠. 사업계획서 한 장 없이 '창조주'라는 이름 하나만 보고 전 재산을 '올인'했으니까요. 요즘 실리콘밸리라면 아마 투자사기로 의심받았을지도 모릅니다."

"…미쳤네요."

"모험이죠." J가 부드러운 미소를 지었다. "또 모세는요…"

"모세요?"

"바다 앞에 섰어요. 뒤에는 적군이 추격하고 있었고요."

“그래서 어떻게 됐는데요?” 나는 이야기에 빠져들어 다급히 물었다.

“바다가 갈라졌죠.” J가 미소 지었다. “그런데 흥미로운 건 바다가 갈라지기 전까지는, 아무도 그걸 상상조차 못했다는 겁니다.” 그러더니 잠시 멈춘 후, 다시 덧붙였다. “그래서 믿음은 보통 기적 이후가 아니라, 기적 이전에 필요합니다. 이게 믿음을 ‘모험’이라고 부르는 이유지요.” 잠시 후, J가 새로운 질문을 던졌다. “그런데 이 사람들의 공통점이 뭔지 아세요?”

“뭔데요?”

“보이지 않는 걸 봤어요.”

“……”

“성경에 이런 말씀이 있어요.” J가 말했다.

“믿음은 바라는 것들의 실상이요, 보지 못하는 것들의 증거니”[34]

“그게… 무슨 뜻이죠?”

“믿음은 바랄 수 없는 것을 바라고, 보이지 않는 것을 보는 힘이란 뜻이에요.”

“바랄 수 없는 것을 바라고, 보이지 않는 것을 본다…?”

“네, 맞아요. 성경 속 믿음의 인물들은 하나같이 바랄 수 없는 것을 바랐고, 보이지 않는 것을 봤어요. 한 마디로, 뭔가 믿는 게 있었다는 얘기죠. 그래서 두려움을 무릅쓰고 모험을 할 수 있었던 거고요.”

“뭔가 믿는 게 있었다…? 그게 뭔데요?”

“바로 하나님이죠. 하지만 그렇다고 해서, 하나님이 도깨비 방망이처럼 소원을 척척 들어주신다는 뜻은 아니에요. 그건 모험이 아니라 자판기에 가깝겠죠?”

“그럼 뭐하러 믿음의 모험을 하는 거죠? 어차피 우리 바람대로 이루어질 게 보장돼 있는 것도 아닌데…?”

“당장의 소원을 100% 보장하신다는 게 아니라, 인생의 최선을 100% 보장하신다는 뜻이에요. 레오 대표님, 하나님이 사람들의 기도를 다 들어

---

34 성경 히브리서 11:1

주시는 게 과연 좋은 일일까요?”

나는 지금 당장 주가 그래프를 위로 끌어올려 달라는 기도를 떠올리며 대답했다. “글쎄요, 그렇게만 된다면야, 당장이라도 VIP 회원권을 끊고 싶네요.”

내 말에 J는 고개를 갸웃거리며 짓궂게 대꾸했다. “대표님은 스스로를 너무 믿으시는 것 같군요. 만약 하나님이, 대표님의 십 대 시절 기도를 다 들어주셨다면, 지금쯤 대표님은 어느 록밴드의 무명 기타리스트가 되어 전국을 떠돌고 계셨을지도 모릅니다. 다행히도, 하나님이 ‘필터링’을 참 잘해 주셨죠?”

그의 말에 내가 피식 웃음을 터뜨렸다.

J가 말을 이었다. “제 친구 중에 찰스 스윈돌[35]이란 사람이 있는데, 그가 이런 말을 했어요.”

‘하나님이 우리에게 주신 최고의 선물 중 하나는 기도에 응답하지 않으시는 것이다.’

“응답이 없는 게 선물이라니, 독특한 위로법이네요.” 난 여전히 냉소적으로 반응했다.

하지만 J는 흔들림 없이 말을 이어 나갔다. “혹시 수제 카페트를 짜는 과정을 아세요?”

난 고개를 가로저었다.

그가 계속했다. “장인들은 카페트 뒷면만 보며 실을 꿴답니다. 작업 중엔 무늬도 안 보이고 엉성해 보이죠. 하지만 다 짜고 뒤집어 보면, 상상도 못한 명작이 완성되어 있죠. 우리 인생도 지금은 카페트 뒷면만 보는 셈이죠.” J가 차를 한 모금 마시며 말했다. “문제는 사람들이 카페트가 완성되기도 전에 가위를 들고 와서 ‘이거 엉망인데요?’라며 실밥을 자르려 한다는 거예요.”

나는 잠시 생각했다. “그러니까… 지금 내 인생은 실밥이 잔뜩 튀어나

---

35 찰스 스윈돌(Charles Swindoll): 미국의 유명 목사이자 작가

온 상태라는 거군요."

J가 웃었다. "네. 아직 뒤집을 시간이 안 된 것뿐입니다. 당장은 엉망인 무늬 같아도, 도안을 든 설계자를 믿고 한 땀씩 가는 게 바로 믿음의 모험이랍니다."

그 말에 내가 따지듯 물었다. "하나님은 왜 우리더러 카페트를 뒤집어 놓고 짜라고 하시는 거죠? 처음부터 아름다운 그림을 다 보여주시면, 마음 편히 그 길을 갈 수 있을 텐데요?"

"그럼 모험이 아니니까요. 하나님은 능력과 사랑을 동시에 가지신 분입니다. 능력이 있어도 날 사랑하지 않으면 공포의 대상일 뿐이고, 날 사랑해도 능력이 없으면 무능한 동정일 뿐이죠. 그런데 하나님은 둘 다 갖추셨습니다. 그러니 믿음은 무모함이 아니라, 가장 합리적인 선택입니다. 그런 하나님께서 당장 소원을 안 들어주신다면, 그게 내게 좋지 않기 때문이라는 걸 믿는 게 진짜 신뢰관계죠."

능력과 사랑. 두 단어가 내 마음속 빈 공간을 가득 메우는 기분이었다. "좋아요. 잘 될진 모르겠지만, 그 모험 한번 해보죠."

"훌륭하십니다. 하지만 시작하기 전에 한가지 확인하실 게 있습니다."

이번엔 또 뭐지? 내가 눈을 크게 뜨고 그를 바라봤다.

그가 천천히 물었다. "대표님이 사업을 하시는 진짜 목적이 뭔가요?"

"그야 뭐, 최첨단 기술로 인류에게 보다 살기 좋은 미래를 안겨주는 것?"

그러자 J가 나를 한참 동안 물끄러미 바라보았다. 나는 왠지 깊은 속을 들킨 것 같아 솔직히 말했다. "거기에 이왕이면 대박을 터뜨려 떼돈을 벌면 더 좋고요."

"정직하시네요. 경제학입문 시간에도 기업의 목적이 '이윤추구'라고 나오는 게 사실이죠. 그런데 '왜 이윤을 추구하는가'는 경제학 시험에 안 나오더라고요… 이에 대해 대표님은 뭐라고 대답하시겠습니까?"

"그야 당연히…" 막상 대답을 하려니 선뜻 정리가 안 되었다. 어릴 때부터 가난이라면 지긋지긋했기에, 지금껏 나는 인생의 목표가 무조건 돈을 많이 벌어 풍족하게 사는 것이었다. 하지만 나는 이미 풍족한 수준을 한참 넘어선 게 사실이다. 희한한 것은, 그럼에도 불구하고 여전히 부족하다는 생각이 든다는 사실이었다.

이런 생각에 잠겨 있는 내게 J가 다시 말을 건넸다. "대표님, 돈은 훌륭한 도구입니다. 하지만 돈이 목적이 되는 순간… 사람은 그 도구의 하인이 되죠."

"하인…?"

"네, 많은 이들이 돈, 명예, 권력 자체를 목적으로 삼다가, 그것의 노예가 되어 버립니다. 로또 당첨자나 마약에 빠진 대스타들처럼요."

"그럼 J 씨는 돈을 어떻게 생각해요?"

"훌륭한 부하직원이라고 생각합니다."

"부하직원이요?"

"네. 근데 요즘 많은 이들이 그 부하직원한테 역으로 고용당하고 있더라고요. 직급이 역전된 거죠." J는 안타까운 표정을 지으며 설명을 이었다. "성경에서도 비슷한 질문을 던집니다. '온 세상을 얻고도 영혼을 잃으면 무슨 소용이 있느냐'[36]고요. 많은 사람들이 원하는 걸 갖고도 여전히 공허한 건, 수단을 목적으로 착각했기 때문이죠."

"좋아요. 그 모험 한번 해보죠."

J가 눈을 반짝이며 격려해줬다. "훌륭하십니다. 참고로 롤러코스터는 타기 전에 짐 다 맡기고 타야 한다는 거 아시죠?"

"…그게 무슨 뜻이죠?"

"손에 쥔 거 다 내려놓으셔야 제대로 즐기실 수 있다는 뜻입니다."

"하하…" 입으로는 웃었지만, 쉽지 않을 거란 생각에 마음이 무거워졌다. 그래서 이번엔 보다 궁극적인 질문을 해 봤다. "그렇다면… 돈, 명예, 권력을 통해 우리가 뭘 추구해야, 진정한 만족과 행복을 이룰 수 있을까요?"

J는 이런 질문을 한 내가 기특하다는 듯, 흐뭇한 표정으로 날 한동안 응시하더니 천천히 말을 이었다.

31

세상이 공평하다고 생각하세요?

"레오 대표님, 세상이 공평하다고 생각하세요?"

뜬금없는 J의 질문에 내가 코웃음을 쳤다. "공평요? 세상이 공평하다면, 금수저니, 흙수저니 하는 말이 왜 나왔겠어요? 누군가는 태어날 때부터 다이아몬드 티켓을 쥐고, 누군가는 생존 자체가 투쟁인 게 현실인 걸요. 이렇게 출발점 자체가 다른 세상이 공평하다고요?" 순간, 어릴 때부터 가난 때문에 차별받았던 일들이 떠올라 부르르 떨었다. "인류 역사는 그 불평등을 증명해 온 기록일 뿐입니다."

J가 고개를 끄덕였다. "맞아요. 세상은 지독하게 불공평하죠. 한국에서 태어난 아이는 어떤 과외를 받을까 고민하지만, 북한에서 태어난 아이는 당장 먹을 것조차 구하기 어려우니까요." J가 잠시 멈추었다 덧붙였다. "누군가는 슈퍼컴퓨터로 인생을 시작하고, 누군가는 계산기 하나 없이 시작하는 게 현실이죠."

난 그 말에 공감한다는 듯 고개를 끄덕였다.

J는 계속해서 설명했다. "세상이 이렇게 불공평해진 이유가 뭘까요?"

그는 내 눈을 들여다봤다. "하나님은 모두가 축복을 나누길 바라셨지만, 인간의 욕심이 '과잉의 축적'을 추구하기 때문 아닐까요?"

무슨 말을 해야 할지 몰라 머뭇대는 나를 바라보며, 그가 말을 이었다. "그런데 재미있는 건, 하나님이 이 불공평을 해결하기 위해 내놓으신 매뉴얼이 있다는 사실입니다."

"매뉴얼이요?" 난 신기하다는 듯 되물었다.

J가 말했다. "성경에 이런 말씀이 있어요."

"너희가 땅에서 추수할 때,
밭 가장자리까지 다 추수하거나,
추수하고 남은 이삭들까지 깡그리 쓸어모으지 않도록 하거라.
포도밭에서도 열매를 남김없이 다 따버리거나
다시 돌아가 떨어진 포도알들까지 주워 오지 말고.
그건 가난한 사람들과 외국인들을 위해 남겨놓거라.
나는 하나님, 바로 너희의 하나님이란다."[37]

"대표님, 하나님은 농부들에게 '밭 가장자리는 남겨 두라'고 말씀하셨습니다." J가 창밖을 가리켰다. "재미있지 않습니까? 하나님은 부자에게서 빼앗지 않으셨습니다. 대신 처음부터 조금 남겨 두라고 하셨죠."

"수확분을 일부러 흘려 놓으라니… 이거, 재고관리가 엉망이군요." 나는 사업가다운 기지를 자랑하며 말했다.

J가 웃었다. "대표님, 혹시 뷔페 가시면 딱 드실 만큼만 가져오세요, 아니면 접시에 잔뜩 쌓아둔 채 드시다가 남기세요?"

나는 멈칫했다.

그가 천천히 말을 이었다. "하나님이 원래 설계하신 세상은 뷔페 식당과 같아요. 그런데 다 먹지도 못할 걸 쌓아두는 사람 때문에, 뒤에서 줄 선 사람이 굶는 구조, 그게 지금 세상이지요." 그가 설명을 덧붙였다. "하나

---

37 성경 레위기 19:9-10, 유진 피터슨의 메시지(The Message)성경, 허계영 번역

님의 사업방식은 '이윤'이 아니라 '인간'을 남기는 시스템이거든요. 다시 말해서⋯ 하나님은 '이윤'이 아닌, '공존'의 알고리즘을 설계하신 겁니다. 하나님이 어떤 사람에게, 남들보다 더 많은 자원을 주신 데에는 명확한 목적이 있죠. 바로 '양팔저울'의 평형을 맞추는 역할을 하라는 겁니다."

"양팔저울요?"

"예를 들어 대표님이 9를 가졌고..." J가 열 손가락을 펴며 설명했다. "누군가는 1을 가졌다 치죠." 이번엔 그가 손가락 두 개를 젖혔다. "그때 대표님이 가진 것 중, 2를 상대방에게 나눠주면 7:3이 되잖아요?" J가 차분히 말을 이었다. "완벽히 5:5는 안 되더라도, 조금씩 평형을 맞춰 나가는 거죠."

내가 천천히 고개를 끄덕였다. "그게... 하나님이 원하시는 공평이라는 거네요."

"네." J는 잠시 창밖을 바라보더니, 다시 날 향해 물었다. "그런데 대표님, 만약 이 세상이 완전히 공평하다면 어떨 것 같습니까?"

"그야⋯ 좋지 않겠어요?"

"정말 그럴까요? 모든 사람이 똑같은 재산, 똑같은 능력, 똑같은 환경, 똑같은 조건을 가지고 태어난다면⋯ 서로를 필요로 할 이유가 있을까요?"

나는 대답하지 못했다.

J가 천천히 말을 이었다. "필요가 사라지면 관계도 약해집니다. 서로 기대지 않아도 된다면, 굳이 사랑할 이유도 없겠죠. 하나님 나라의 운영방식은 '완전한 평준화'가 아닙니다. '의존을 통한 사랑'이죠." 그러더니 이번엔 책장에 놓인 인체 모형을 가리켰다. "교회가 왜 몸으로 비유되는지 아세요? 눈이 발을 무시할 수 없고, 발이 눈을 비웃을 수 없듯, 서로 다르기에 서로 필요로하는 거죠. 불균형이 위험한 건 사실이지만, 동시에 사랑이 흐를 수 있는 통로가 되기도 한답니다."

나는 여전히 이해가 안 갔다. "하나님은 왜, 부자들 것을 빼앗아 가난한 사람에게 직접 나눠 주시지 않죠? 그게 가장 빠른 방법일 것 같은데⋯?"

J가 말했다. "대표님."

"네?"

"하나님이 강제로 재분배하시면 그건 '사랑'이 아닌, '세금'이 되니까요." 그는 잠시 미소를 짓더니 말을 이었다. "대표님, 부모님이 자녀의 용돈 관리를 직접 다 해주면, 아이가 어떻게 될 것 같아요?"

"그야… 편하긴 하겠지만... 아이가 돈의 가치를 모르겠죠."

"바로 그겁니다." 그가 손가락을 튕겼다. "하나님이 직접 다 재분배하시면, '나눔이 뭔지' 아는 사람이 아무도 없게 될 겁니다. 심장이 없는 세상이 되는 거죠. 그래서 불편하게도 분배권을 사람들한테 맡기신 거예요."

"그래도 사람들이 스스로 나누길 기다리는 이상주의에 빠져 있다가는… 세상이 어느 세월에 공평해지겠어요?"

J는 씩 웃었다. "맞습니다. 인간은 계산은 잘하지만, 나눔은 잘 못하니까요. …그래서 결국 누군가는 '전부'를 내어주어야 했지요." J의 목소리가 깊어졌다. "십자가는 우주 역사상 가장 비상식적인 인수합병입니다. 우량주인 하나님이 상장폐지 위기의 인간들을 구하시려고, 자신의 모든 자산을 무상으로 증여하신 사건이니까요. 경영진 입장에서는 이게 미친 짓이지만, 개미 투자자들에게는 이보다 더 큰 호재는 없죠."

내 심장이 묘하게 두근거렸다.

J는 양 손으로 저울을 흉내냈다. "대표님은 하나님께 이미 많은 것을 받으셨습니다. 자산이든, 건강이든, 지성이든, 영향력이든. 그래서 저울 반대쪽이 많이 올라가 있죠. 하나님은 그 저울을 억지로 누르지 않으십니다." 그는 내 눈을 맞추며 말을 이었다. "대표님이 가진 그 '여분'은 대표님 개인의 소유가 아니라, 사실은 저울의 수평을 맞추라고 하나님이 맡기신 '하늘의 투자금'인 셈입니다. 투자금을 자꾸 개인 비자금으로 돌리시면, 천국 감사팀에서 조사가 나올지도 모릅니다." J는 웃으며 눈을 찡긋했다. "횡령보다는 자발적인 배당이 훨씬 속 편한 법이죠."

내가 실소를 터뜨렸다.

"하나님은 계산기보다 심장을 더 신뢰하십니다." J가 가슴에 손을 갖다대며 조용히 덧붙였다. "강제로 평평하게 만드는 세상보다, 자발적으

로 낮아지는 사람이 있는 세상을 더 기뻐하시죠. 그 '위험한 자유'를 주셨기 때문에, 인간은 여전히 희망이 있는 거고요." 그리고 이렇게 덧붙였다. "세상은 공평하지 않습니다. 그런데 이상하지 않습니까? 바로 그 틈에서 사랑이 자라납니다. 불공평은 죄의 결과이지만, 동시에 사랑이 흐를 수 있는 자리이기도 하니까요." 그가 천천히 날 바라보았다. "하나님께서 세상을 고치는 일을 천사에게 맡기지 않으시고, 사람에게 맡기신 이유는… 문제가 '구조'에 있는 게 아니라, '심장'에 있기 때문입니다."

그의 말이 내 안에서 오랫동안 울렸다. 내 저울의 반대편이 텅 비어 올라가 있는 모습이 보이는 듯했다.

32

천사가 날 수 있는 이유

"그리고 한 가지 더!" J가 날 똑바로 바라봤다. "하나님은요, 레오 대표님이 얼마를 기부했는지에는 딱히 감동받지 않으십니다. 오히려 얼마를 남겼는지에 더 관심 있으시죠."

"얼마를… 남겼는지요?" 내가 혼잣말처럼 되뇌었다.

J가 빙긋 웃으며 물었다. "대표님, 세금 신고하실 때 공제항목 꼼꼼히 챙기시죠?"

"당연하죠."

"하늘 은행도 공제항목이 있습니다. 단, 국세청과는 달리 영수증은 안 봅니다. 대신 '마음'이라는 생체인식을 사용하죠. 세무조사가 없는 대신, '양심 조사'란 게 있거든요."

"그거, 여간해선 탈세 못 하는 시스템이네요."

J가 가볍게 웃었다. "네, 하지만 다행히, 연체이자 대신 '은혜'라는 보너스가 붙지요." 그러더니 J가 갑자기 질문 하나를 훅 던졌다. "하나님은 왜 레오 대표님에게 많은 자산을 맡기셨을까요?"

그리고는 무슨 퀴즈쇼 사회자라도 된 양, 흥겨운 목소리로 말했다. "1번, 그냥 심심해서. 2번, 기부왕 배틀 출전용. 3번, 특별한 목적이 있어서."

그 말에 피식 웃음이 나왔지만, 나는 이내 쓸쓸한 기억이 떠올라 표정이 굳어졌다. 어린 시절이 떠올랐다. 아버지를 잃고, 엄마와 단둘이 살던 시간들. 친구들이 레스토랑에서 스테이크를 썰 때, 우리 집은 맥도날드 햄버거 하나 먹는 것도 사치였다. 하지만… 진짜 문제는 고기가 아니었다.

가난은, 사람을 작게 만든다. 누군가에게 부탁을 할 때마다 자존심을 버려야 했고, 무엇보다도… 부자들 앞에서 어쩔 수 없이 고개 숙이던 엄마의 모습은, 많은 시간이 흘렀지만… 여전히 내게 깊은 상처로 남아 있다.

'당당하게 살라'고 말하는 사람들 대부분은, 이미 지갑이 두둑한 사람들이다. 돈이 없으면 인간 취급도 제대로 못 받는 게 현실이다. 존엄성? 가난한 사람 앞에서 그 단어 꺼내면, 그건 개그다.

J는 나의 이런 냉소적인 마음을 읽은 듯, 허를 찌르는 통찰을 내뱉었다. "이 세상, 눈에 보이는 것들이 제아무리 화려하고 힘있어 보여도, 그래서 사람들을 현혹시켜도, '종말'이 닥치면, 그런 건 삽시간에 다 사라지고 말 거예요." 그의 얼굴에 사뭇 긴장감이 돌았다. "꼭 우주적인 종말만 말하는 게 아니에요. 모든 사람이 언젠가는 '죽음'이라는 개인적인 종말을 맞으니까요." 그가 잠시 숨을 고른 뒤 천천히 말을 이었다. "성경에 세상 종말에 대한 예언이 있어요. 금은보화, 명품, 사치품... 모든 게 순식간에 사라진다고요. 천 조각 하나, 실오라기 하나 남지 않고 다 사라진다고요."[38]

순간 지구의 종말을 그린, 어두운 분위기의 영화장면들이 떠올랐다.

"레오 대표님, 로마의 공동묘지 입구에 적혀 있는 말 아세요? 'Hodie Mihi, Cras Tibi(호디에 미히, 크라스 티비)'"

"그게 무슨 뜻이죠?" 생소한 문구에, 내가 고개를 갸웃하며 물었다.

"라틴어로 '오늘은 내 차례, 내일은 당신 차례'란 뜻이죠. 죽음은 누구에게나 옵니다. 그걸 기억하는 사람은 손을 꽉 쥐지 않죠. 어차피 연기처럼

---

38 성경 요한계시록 18:11-17

사라질 걸 아니까요."

"대체 J 씨 정체가 뭡니까? 라틴어까지 꿰고 있고."

"면접 때 말씀드렸잖아요. 모든 언어에 능통하다고요." J가 장난스럽게 윙크했다. "특히 '마음속 깊이 숨겨둔 언어'가 제 최강특기랍니다. 그래서 대표님의 한숨 섞인 방언도 통역이 가능한 거고요."

나는 피식 웃음이 났지만, 곧 J가 꺼낸 '죽음'이라는 화두에 날 선 목소리로 응수했다. "그건 좀 허무주의 아닙니까? 다 사라질 거라면, 어떤 노력도 할 필요가 없겠네요?"

J는 고개를 저었다. "아닙니다. 다 사라지는 건 아니죠. 대표님, 왜 어떤 말 한마디는 평생 남을까요? 왜 누군가의 희생은 세월이 흘러도 빛을 잃지 않을까요?"

그의 근본적인 질문에 말문이 막혔다.

그는 내 마음을 꿰뚫어 보듯 똑바로 응시했다. "종말은 허무가 아니라 '필터'입니다. 종말이 닥치면, 불필요한 건 다 사라지고, 영원한 것만 남죠. 그중 하나가, 우리가 세상에서 하늘로 미리 송금해 둔 '나눔의 기록'이고요."

"네? 하늘로 송금을 할 수 있다고요?"

"그럼요. 성경에 이런 얘기가 나오잖아요?" J는 친절하게 성경구절을 인용해 말해줬다.

"좀이 먹거나 녹이 스는 이곳에-더 최악인 것은,
도둑맞는 이곳에-보물을 저장해 두지 말거라.
좀먹지도, 녹슬지도, 그리고 도둑맞지도 않는,
안전한 하늘에 보물을 비축해 놓으렴.
네 보물이 있는 곳이 바로, 네가 가장 있기 원하는 곳이잖니?
결국엔 분명 그렇게 될 거란다." [39]

---

39 성경 마태복음 6:9~21, 유진 피터슨의 메시지(The Message)성경, 허계영 번역
40 G. K. 체스터톤(Gilbert Keith Chesterton, 1874-1936): 영국의 작가이자 기독교 변증가

"이 말은… 보물을 땅에 두는 사람은, 그 역시 땅에 있게 되고, 보물을 하늘에 두는 사람은, 그 역시 하늘에 있게 될 거란 뜻이죠."

"아, 그 얘기라면… 저도 주일학교 때 들은 적이 있어요." 나는 가물가물한 기억을 더듬으며 말했다.

"하하, 기억하시네요. 그땐 뒤에서 장난만 치시더니…"

"네?" 나는 소름 돋는 그의 직관에 당황하며 따져 물었다. "J 씨는 추측을, 마치 증언이라도 하는 듯 확신있게 말하네요."

"추측… 아닌데요?"

"그럼 뭔데요?"

J의 입가에 익숙한 미소가 떠올랐다. "…관찰력이죠."

J의 썰렁한 농담에 내가 헛웃음을 터뜨렸다.

하지만 그는 사뭇 진지한 표정으로 말을 이었다. "하늘은행은 스위스은행보다 안전하고, 연이율도 무제한입니다. 다만 조기인출이 안 된다는 단점이 있긴 하죠."

"ATM은요?"

"있습니다. 단, 인출버튼이 없고 입금버튼만 있어요."

내가 웃음을 터뜨리며 말했다. "하하. 이번엔 조금 웃겼습니다."

"대표님, 받은 축복을 나누며 사는 사람은 공허하지 않습니다. 나눌수록 오히려 더 단단해지죠."

그 말에 나도 모르게 중얼거렸다. "그래도… 내가 번 건데."

J는 그 말을 놓치지 않고 받았다. "맞습니다. 대표님이 버셨죠. 그런데 그 능력은 누가 주셨습니까?"

말문이 막혔다.

그가 손을 가볍게 들어 올렸다. "참고로 특허등록은 안 하셨죠?"

"돈 버는 능력을요?"

"네. 그건… 대표님이 발명하신 게 아니라, 탑재되어 나온 거라서요." 그가 덧붙였다. "대표님이 계속 사업을 키우는 건 나쁜 일이 아닙니다. 문제는 그것이 대표님을 무겁게 만드느냐, 가볍게 만드느냐죠."

그는 잠시 생각하다가 입을 열었다. "제 친구 중에 체스터톤[40]이란 사람이 있어요.”

틈만 나면 친구 운운하며, 인맥을 자랑하는 J가 못미더워, 내가 살짝 흘 겨봤다.

그런 내 표정을 읽었는지 J가 급히 덧붙였다. “아, 페이스북 친구 말고, 진짜 친구라니까요! 그 친구가 이런 말을 했죠.”

“천사들이 날 수 있는 이유는, 자신을 가볍게 하기 때문이다.

반면에 악마는 자기 자신을 너무 무겁게 하다가

결국 땅으로 곤두박질친다.”

가슴이 덜컹했다. 무거운 건 돈이 아니라, 움켜쥔 손일지도 모른다. 인 간이 날지 못하는 이유는 중력 때문이 아니라 소유욕 때문일 수도….

생각에 잠긴 나를 보며 J가 다시 가볍게 웃었다. “체스터톤, 정말 괜찮 은 친구입니다. 그 친구가 글쓰기를 좋아해서 제가 옆에서 아이디어 몇 개 던져줬던 기억이 나네요. 그 친구 말처럼 대표님도 천사처럼 짐을 가 볍게 해 보시는 게 어떨까 싶습니다만…”

나는 잠시 침묵했다. “제 짐은 지금 몇 kg인 거죠?”

J가 고개를 살짝 기울였다. “정확한 수치는 모르겠지만… 수하물 초과 요금이 꽤 나올 것 같긴 하네요.”

내가 피식 웃었다.

“대표님, 제가 숙제 하나 내 드려도 될까요? 오늘 집에 가셔서, 대표님 의 자산을 어디에 어떻게 쓸지, 한번 구체적으로 적어 보세요.”

숙제란 말에 얼굴을 찌푸리는 날 바라보며, J가 쐐기를 박듯 덧붙였다. “막연한 결심은 금방 증발해 버리고 말죠. 그래서 문서화하는 게 중요합 니다. 이왕이면 구체적인 시간표까지 첨부해 보세요.”

그날 밤, 집에 돌아와 펜을 들었다. 그리고 맨 위에 이렇게 적었다. ‘왜 버는가?’

그리고 그 옆에 한 마디를 덧붙였다. ‘누구를 위해?’

그동안은 ‘어떻게 버나?’란 질문만 하고 살았다. 그런데… 질문이 달라

지자, 모든 계산식이 다시 보이기 시작했다.

 그리고 그날 이후, 돈의 무게가 조금 달리 느껴졌다. 회사도, 나도, 아주 조금은 가벼워진 것 같았다. 어쩌면 천사도 처음엔 이렇게 움켜쥔 손을 펴면서 나는 법을 배웠는지 모른다.

33

해커 가브리엘

기자회견 후 몇 주가 흘렀다.

하지만 회사 상황은 좀처럼 나아질 기미를 보이지 않았고, 오히려 악화되기만 했다. 연일 바닥을 치는 주가 그래프처럼, 회사 분위기도 끝없이 가라앉고 있었다.

그러던 어느 날, 내 개인 메일함으로 발신인을 알 수 없는 메일 한 통이 도착했다. "로보스토리의 투명한 태도에 깊은 인상을 받았습니다. 저는 화이트 해커[41] '가브리엘'[42]입니다. 귀사의 아키텍처[43]를 근본적으로 치유할 패치를 제안하고 싶습니다."

가브리엘? 이름부터 묘한 울림이 있었다. 옆에서 서류정리를 도와주던

---

41 화이트 해커(White hat hacker): 보안 취약점을 찾아내어 악의적인 공격을 막아내는 보안 전문가

42 가브리엘(Gabriel): 히브리어로 '하나님은 나의 힘' 또는 '하나님의 용사'라는 뜻. 성경에서는 주로 하나님의 특별한 계시나 중요한 소식을 사람에게 전달하는 천사(메신저) 역할을 수행함.

43 아키텍처(Architecture): 소프트웨어의 '건축설계도' 같은 개념으로, 프로그램의 구성과 작동 방식을 전체적으로 설계한 구조.

J에게 무심코 물었다. "혹시… 가브리엘이라는 사람 아세요?"

J는 평소처럼 부드러운 미소를 지었다. "천사들 사이에서는 꽤 알아주는 '소식통'입니다."

난 뜨악한 표정으로 반문했다. "천사들 사이에서요?"

"네. 단톡방 운영자 같은 존재랄까요. 하나님의 공지사항을 전달하는 담당자라고 보시면 됩니다." J가 덧붙였다. "가끔 세상의 시스템을 복구하는 일은, 대표님처럼 정직한 이들이 던진 구조신호를 듣고 나타난 '천사'의 도움으로 시작되기도 하지요." 그리고 J는 정중히 인사를 하고 나갔다.

나는 혼잣말처럼 중얼거렸다. "J… 해커 가브리엘에 대해 뭔가 알고 있는 걸까?"

◆

나는 즉시 사이버 보안팀을 통해 '가브리엘'과 접촉을 시도했다. 그는 실체 없는 인물이었다. 실명은 물론, 얼굴조차 공개된 적 없는 전설적인 해커로, 딥웹[44]과 화이트햇 커뮤니티[45]에서는 잘 알려진 존재였다.

며칠 후, 우리는 가브리엘과 화상회의를 했다. 화면에는 음성 변조된 아바타만 나타났다.

"익명이시군요." 내가 말했다. "얼굴도 안 보여주시고."

"해커의 기본이죠." 가브리엘이 답했다. "원래 전설적인 인물들은 실물 공개보다, 신비주의 마케팅을 더 선호하는 법이거든요."

내가 피식 웃으며 말했다. "혹시 이름도 가명인가요?"

가브리엘이 잠시 멈췄다. "…본명입니다."

묘하게 그 대답이 더 수상하게 느껴졌다.

그는 곧장 본론으로 들어갔다. "지금의 AI 보안은 시그니처 기반탐지[46]

---

44 딥웹(Deep Web): 일반 검색엔진으로는 찾을 수 없는 인터넷의 숨겨진 영역으로, 주로 비공개 데이터나 로그인 기반 사이트들이 포함됨.

45 화이트햇 커뮤니티(White-hat community): 해킹기술을 악용하지 않고, 보안 강화를 위한 취약점을 연구, 공유하는 윤리적 해커들의 모임.

46 시그니처 기반탐지(Signature-based detection): 기존에 알려진 해킹이나 악성코드의 특징적인 패턴(지문)을 기록해 두었다가, 같은 패턴이 나타나면 자동으로 위협을 감지하는 보안 기술.

에 묶여 있습니다. 알려진 패턴을 찾는 방식이죠. 그런데 문제는, 공격이 항상 한 발 앞선다는 겁니다. 휴리스틱 분석[47]이나 행위 기반탐지도 보완책일 뿐입니다.”

보안팀장이 숨을 삼켰다. “그럼, 다른 대안이 있습니까?”

가브리엘이 담담하게 말했다. “AI가 스스로를 방어해야 합니다. 위협 인텔리전스[48]를 실시간으로 수집하고, 제로데이[49] 취약점을 선제적으로 예측하며, 방어코드를 재작성해야 합니다. 공격자가 문을 두드리기 전에, AI가 스스로 문의 위치와 열쇠 모양을 바꿔버리는, 일종의 ‘자율방어 시스템’이라고 할 수 있죠.”

그의 제안은 급진적이었다. 자가 학습, 자가 재컴파일,[50] 자가 하드닝.[51] AI가 단순히 명령을 수행하는 도구가 아니라, 스스로 면역 체계를 갖춘 존재가 되는 것.

보안팀장이 조심스럽게 물었다. “AI가 스스로를 지킨다고요…?”

가브리엘이 확고한 태도로 말했다. “인간도 비슷한 시도를 했습니다.”

“네?”

“이름이 ‘자기의(義)’[52]였죠. 결과는… ‘보안취약’이었지만요.”

그의 알 수 없는 말에, 모두가 잠시 어리둥절했다.

---

47 휴리스틱 분석(Heuristic analysis): 범죄자의 지문이 없어도, 행동 방식과 흔적을 보고 범인을 추정하는 형사수사와 비슷한 보안분석 방식.

48 위협 인텔리전스(Threat Intelligence): 사이버 공격과 보안 위협에 대한 정보를 수집·분석하여, 공격을 예측하고 대응에 활용하는 정보.

49 제로데이(Zero-day): 보안 취약점이 발견되었지만, 아직 공식적인 패치나 대응책이 나오지 않은 상태의 보안 결함.

50 자가 재컴파일(Self-recompilation): 프로그램이 자신의 설계도를 다시 읽고 스스로를 새 버전으로 다시 만들어 내는 과정.

51 자가 하드닝(Self-hardening): 시스템이 공격을 경험하거나 위험을 감지한 뒤 스스로 방어능력을 강화하는 보안강화 과정.

52 자기의(自己義, Self-righteousness): 스스로를 의롭다고 여기는 교만한 마음.

우리는 프로젝트 이름을 '기드온'[53]이라 정했다. 수가 아니라 믿음으로 싸운 전사. 계산이 아니라 순종으로 전진한 이야기… 우리는 작은 팀으로 시작했다. 외부공격 데이터를 학습시키고, AI가 스스로 취약점을 시뮬레이션하게 했다. 침입을 기다리는 대신, 스스로 자신을 해킹하게 만들었다. 방어는 공격을 이해하는 데서 시작되기 때문이다.

며칠이 몇 주가 되었고, 밤은 점점 짧아졌다.

그러던 어느 날…, 시뮬레이션 공격이 시작됐다. 그리고 AI는 실시간으로 위협을 감지하고 차단했다. 99.2%… 99.5%… 99.8%…

"성공입니다!" 보안팀장이 외쳤다.

사무실에 환호성이 터졌다.

나는 눈물이 핑 돌았다. '정말… 됐어.'

하지만 진짜 변화는 숫자가 아니었다. AI는 매번 공격을 학습하면서 점점 더 강해져 갔다. 마치 상처를 통해 면역이 자라나는 생명체처럼.

얼마 후, 업계에서 로보스토리의 행보를 극찬하기 시작했다.

"로보스토리, 보안의 패러다임을 바꾸다 – 스스로 진화하는 AI 방어 체계"

다음 날부터 상황이 급반전됐다. 투자자들이 움직이기 시작했고… 주가는 일주일 만에 32% 급등했다. 업계는 로보스토리를 '가장 신뢰할 수 있는 기업'으로 재정의했다. 우리는 위기를 넘겼다. 아니, 위기가 우리를 다시 설계했다.

---

53 기드온: 성경 사사기 6~8장에 나오는 이스라엘의 사사. 하나님께서 적은 군사로 미디안의 군대를 물리치도록 선택한 인물로, '하나님의 도우심과 순종으로 약자가 강자를 이길 수 있음'을 상징하는 인물.

모든 발표가 끝난 후, 나는 대표실 창가에 앉아 있었다. 해가 지고 있었다.

J가 웃으며 들어왔다. "대표님, 축하드립니다." 그리고 날 바라봤다. "자기 시스템을 스스로 해킹해 보는 회사라니… 정말 건강한 회사네요." 그리고 잠시 멈춘 후, 그가 덧붙였다. "자기 인생을 점검해 보는 사람도 꽤 건강한 사람이겠죠? 안타깝게도… 많은 사람들이 업그레이드를 거부하지만요.""

나는 회심의 미소를 지으며 입을 열었다. "이게 다 하나님의 계획이었을까요?"

J는 여전히 평온한 미소를 짓고 있었다. "하나님은 위기를 설계하시는 분이 아니라, 그 안에서 사람을 빚으시는 분입니다. 대표님은 그 위기 속에서 신뢰를 선택하셨지요. 그게 시작이었습니다."

나는 창밖을 바라보았다. 보안 시스템은 스스로를 강화하도록 설계되었다. 하지만 사람은…? 스스로를 구원하도록 설계되지 않았다. 우리는 취약점을 패치할 수 있다. 하지만 죄는 자가수정되지 않는다. 그래서 누군가가 외부에서 들어와야 했다. 완전한 의로, 우리의 취약한 코드를 덮어써야 했다. 마치 우리의 불완전한 코드 위에, '십자가의 의(義)'의 프로그램을 덮어쓴 것처럼… 그때 문득 깨달았다. 진짜 '기드온 프로젝트'는 회사 안에서가 아니라, 내 안에서 진행되고 있었다는 것을.

신앙은 문제를 사라지게 만드는 기술이 아니다. 문제를 대하는 나 자신이 새로워지는 사건이다. 어쩌면 하나님은 인간이라는 시스템을, 그렇게 업그레이드하시는지도 모르겠다.

34

AI와 사람이 다른 점

신앙을 가진 후, 내 내면의 기상도가 바뀌기 시작했다. 처음엔 그 변화가 내 마음 안에서만 일어난 줄 알았다. 그런데 어느 순간 보니… 회사 공기까지 달라지고 있었다.

예전의 나에게 사업은 차가운 수식이었다. 이익이 되는 변수만 남기고, 성과를 내지 못하는 값은 지워 버리는 계산식. 물론, 사람도 그 계산식의 범주 안에 들어 있었다. 하지만 요즘은 사람을 대하는 방식에서 자꾸만 '오류'가 발생한다. 예전의 나라면 절대 하지 않았을 행동들 말이다.

어제 회의가 그랬다. 신입직원 하나가 발표 도중 말을 더듬었다. 슬라이드는 엉키고, 논리는 흔들렸다. 예전 같았으면 내가 손을 들어, 즉각 그의 말을 끊었을 것이다. "핵심만 말하세요."

그런데 어제는 다른 말이 나왔다. "계속해 보세요. 아이디어는 흥미롭네요."

회의실이 잠깐 조용해졌다. 내가 더 놀랐다.

신입 직원은 얼굴이 붉어진 채 다시 말을 이어 갔다. 그리고 결국… 꽤 괜찮은 아이디어를 꺼냈다.

회의가 끝나자 황 비서가 결제서류를 들고 들어와, 특유의 능청스러운 태도로 소파에 몸을 묻었다. 어느새 사적모드 장착. "형."

"왜."

"요즘 어디 아파?"

나는 웃었다. "갑자기 뭔 소리야?"

그는 턱을 괴고 나를 유심히 바라봤다. "예전엔 형이 회의실 들어오면 사람들이 숨을 참았어. 그런데 요즘은… 사람들이 숨을 쉬어."

내가 피식 웃었다.

관우가 어깨를 으쓱했다. "요즘 회의가 재미있어졌어. 다들 말하기 시작했거든." 그가 장난스러운 표정을 지어 보였다. "직원들이 형을 '공포의 지배자'가 아닌, '진정한 리더'로 존경하기 시작했다고."

나도 모르게 웃음이 흘러나왔다.

점심 식사 후, 커피 두 잔을 들고 J를 찾아갔다.

그는 오늘도 여유로운 얼굴로 나를 맞이했다. "대표님, 오늘은 커피로 저를 매수하시는 겁니까?"

"들켰네요."

"공짜 커피는 감사히 받겠습니다만…" 그가 커피향을 맡았다. "제 입맛이 의외로 까다로워서… 고급정보를 원하신다면 시럽을 듬뿍 추가하셔야 나올지도 모릅니다."

나는 웃으며 커피를 내려놓았다. "요즘 내가 달라졌다는 말을 종종 듣네요."

J가 돋보기라도 든 것처럼, 나를 위아래로 꼼꼼히 훑어보더니, 애써 무심한 척 대꾸했다. "글쎄요, 겉모습은 여전해 보이는데요."

커피를 한 모금 마시며 내가 응수했다. "껍데기 말고, 속에서 돌아가는 엔진 말입니다."

"아, 영혼의 리모델링 공사가 꽤 성공적인가 보군요!" J가 반갑게 호응했다.

“그렇게 티가 나나요?”

“그럼요.” J가 고개를 끄덕였다. “그런데 리모델링 공사라는 게 원래… 소음과 먼지가 많이 나지 않습니까? 주변 분들이 그 소란을 기꺼이 참아주고 계시다면, 그건 대표님이 그만큼 가치 있는 변화를 겪고 있다는 증거겠죠.”

나는 실소를 터뜨리며 의자에 깊숙이 앉았다. “전엔 사람을 성과라는 성적표로만 봤었는데… 요즘은 그냥 사람으로 보여요. 그들의 불안이나 아픔 같은 것들이 자꾸 눈에 밟히기도 하고요.”

J가 미소 지었다. “그거 아주 위험한 증상입니다.”

“위험요?”

“사람을 숫자로 보면 경영이 쉬운데…” 그가 말을 이었다. “사람을 사람으로 보는 순간, 마음이 들어가거든요.” 잠시 침묵이 흘렀다. “마음이 들어가면 경영이 아닌, 사랑이 됩니다.”

나는 웃었다. “그럼 경영에는 손해 아닌가요?”

J가 날 응시했다. “대표님.”

“네.”

“AI에게 ‘요즘 힘들지?’라고 물어본 적 있으십니까?”

“없죠.”

“그렇죠.” 그가 말했다. “AI는 공감이 없이도 작동합니다. 하지만 사람은…” 그가 잠시 뜸을 들였다. “공감이 없으면 멈추죠.”

‘공감…” 나는 잠시 창밖을 바라봤다.

J가 말을 이었다. “하나님이 인간을 대하신 방식도 그렇습니다. 조건이 아니라 ‘사랑’이 먼저였죠. 그게 바로 ‘복음’입니다.”

“그러니까 신앙은…” 내가 고개를 끄덕이며 말했다. “단순히 기분이 좋아지는 종교체험이 아니라는 거군요.”

“그렇습니다. 신앙은, 중심축이 이동하는 거대한 사건입니다. ‘나’라는 서버에서 ‘하나님’이라는 클라우드로 주권이 옮겨가는 거죠. 인생의 주인이 바뀌니, 직원들을 바라보는 관점도 바뀔 수밖에요.”

내가 피식 웃었다. “직원들이 나를 덜 무서워한다니, 이러다 권위가 떨어지는 건 아닌지…”

“축하드립니다. 이제야 ‘인간미’라는 옵션이 장착되셨네요.”

“그거… 칭찬인가요?”

“아주 고급 칭찬이죠. 사실, 그 기능은 대표님 안에 원래 탑재되어 있었어요. 다만 그동안은 ‘절전모드’로 꺼져 있었을 뿐이죠.” J가 쐐기를 박듯 말을 이었다. “두려움으로 움직이는 조직은 동력원이 외부에 있습니다. 채찍이 멈추면 엔진도 꺼지죠. 하지만 신뢰로 움직이는 조직은 엔진이 사람 안에 있지요.”

내가 물었다. “그럼 우리 회사는 지금 어떤 단계일까요?”

J가 잠시 생각하더니 대답했다. “두려움 단계는 졸업하신 것 같고… 신뢰 단계는 이제 막 입학하신 것 같습니다.”

“졸업장은 언제쯤 받을 수 있을까요?”

“그건 제가 아니라, 직원들에게 물어보셔야 할 것 같은데요?”

대표실 한쪽에 서 있는 로봇을 바라보며 내가 말했다. “AI는 스스로 데이터를 학습하며 진화하는데, 사람은 왜 혼자 힘으로 바뀌기가 이토록 힘들까요?”

J가 커피를 한 모금 마시며 나직하게 말했다. “AI는 ‘데이터’가 입력되어야 바뀌지만, 사람은 ‘사랑’이 입력되어야만 바뀌니까요.”

“그거 참 지독하게 비효율적이군요.”

“네, 맞습니다. 그런데 바로 그 ‘지독한 비효율성’이 인간을 아름답게 만들죠.”

그렇다. 우리가 설계한 보안시스템은 스스로를 강화하도록 프로그래밍되어 있다. 하지만 사람은 다르다. 사람은 누군가의 사랑과 배려라는 양분을 먹고 자란다. 신앙은 인생의 오류를 없애 주는 마법의 코딩이 아니었다. 대신, 문제를 대하는 내 태도를 재설계하는 과정이었다. 그런데 아이러니하게도, 성과보다 사람을 우선시하는 원칙이, 정체되었던 회사의 실적을 끌어 올리고 있었다. 그제야 비로소 실감이 났다.

진정한 변화는 인생의 주인이 바뀌는 순간, 시작된다는 J의 말이….

35

아픈 매듭 풀기

'그렇다면… 나의 과거도 회복될 수 있을까?' 리화와 범이에게 다가갈수록 내 마음의 무게가 점점 더 무거워졌다. 행복한 순간마다 과거의 기억이 발목을 잡았고, 죄책감은 서서히 내 숨통을 조여 왔다. '내가 잘못한 게 있다면, 바로잡아야 하지 않을까?' 잘못된 관계를 바로잡지 않고는 더 이상 한 걸음도 내디딜 수 없을 것 같았다.

퇴근길. 오늘따라 유난히 회색빛 하늘이 무겁게 드리워져 있었다. 마치 내 마음을 그대로 비추는 것처럼.

그때, 익숙한 목소리가 들려왔다. "대표님, 좀 걸으며 생각을 정리해 보시는 게 어떨까요?" J였다. "걷다 보면 문제를 정면으로 마주할 용기가 생기실 수도 있잖아요."

"J 씨는 항상 이렇게 갑자기 나타나네요."

J가 태연하게 말했다. "저는 늘 대표님 곁에 있었는데요."

"그럼 왜 항상 제가 힘들 때만 보이는 거죠?"

J가 잠깐 생각하더니 말했다. "그때 비로소 제가 보이시는 거 아닐까

요?”

아무 말도 하지 못하는 나를 잠깐 바라보더니, 그가 이내 미소를 지으며 한쪽 길을 가리켰다. “실은 꼭 모시고 싶은 곳이 있습니다. 잠깐만 저와 함께 가 보시겠습니까?”

나는 홀린 듯 J를 따라 나섰다. 별말 없이 앞서 걷는 그의 여유로운 뒷모습을 따라 무심코 발걸음을 옮겼다. 그러다 정신을 차려보니 낯익은 광경이 펼쳐져 있었다. 리화가 근무하는 병원 앞이었다. 나는 순간 걸음을 멈췄다. “여긴…?”

깜짝 놀란 나의 표정을 바라보며 J가 장난스럽게 웃었다. “우연이네요.”

“J 씨가 데려다 놓고 우연이라고요?”

J가 어깨를 으쓱했다. “저는 길을 안내했을 뿐이에요. 걸으신 건 대표님이시고요.” 그리고 그는 신기루처럼 어디론가 사라져 버렸다.

그때, 퇴근하는 리화와 정면으로 마주쳤다. “어머, 레오 오빠? 약속도 없이 여긴 웬 일이야?” 리화가 동그랗게 뜬 눈으로 나를 바라보았다.

내가 입을 떼려다 멈칫했다. 그제야 J의 의도를 알 것 같았다. 좀 전에 ‘문제를 정면으로 마주할 용기’를 말한 건 이 순간을 위한 거였겠지.

나는 천천히 리화를 바라보며, 무겁게 입을 열었다. “실은… 리화 너한테 할 얘기가 있어.” 깊은 숨을 들이마셨다. “…우리, 어디 조용한 곳에 가서 얘기 좀 할까?”

잔잔한 음악이 흐르는 카페. 그녀와 마주 앉은 나의 심장이 무겁게 요동쳤다.

나의 심상치 않은 기색을 읽은 리화가 불안한 표정으로 물었다. “무슨 일인데 이렇게 심각해? 오빠답지 않게….”

나는 테이블 아래에서 두 손을 꽉 맞잡으며 떨리는 숨을 뱉었다. “리화야, 실은… 고백할 게 있어.” 안절부절못하며 한참을 뜸들인 후, 간신히 입술을 뗐다. “실은 6년 전에… 네가 일하던 병원에 입원했을 때, 내가 너 많이 좋아했던 거 알지?”

리화는 당황한 듯 눈을 깜빡이다가 수줍게 웃었다. “응… 뭐, 대충 눈치

는 챘었지.”

나는 긴장된 마음으로 말을 이었다. “그때 관우가 그 사실을 알고는, 너랑 날 연결해 주려고 애썼었거든.”

리화의 눈동자가 커졌다. “어? 그래? 그런 줄은 전혀 몰랐는데?”

나는 고개를 떨구었다. “그런데 관우가… 날 돕겠다는 마음에, 내 허락도 없이 뒤에서 일을 벌였더라고….”

나는 리화의 눈을 피하지 않으려 필사적으로 애쓰며, 사건의 전말을 하나하나 털어놓았다.

이야기를 마친 후, 천천히 그녀를 바라봤다. “물론 내가 직접 시킨 건 아니지만, 관우가 그런 짓을 한 건… 내가 널 포기하지 않았기 때문이야. 내 책임이 커.”

“어떻게…” 리화의 목소리가 미세하게 갈라졌다. “어떻게 그런 일을…?” 리화의 표정이 서늘하게 굳어 가더니, 급기야 맑았던 눈이 붉은빛으로 물들었다. 리화가 비틀거리듯 천천히 자리에서 일어났다. “미안해. 지금은… 혼자 있고 싶어.” 그녀의 목소리가 가녀린 낙엽처럼 떨렸다.

“리화야…”

내가 황급히 리화의 손을 잡으려 했지만, 그녀는 손을 뿌리쳤다. “시간을 좀 줘.” 그리고 도망치듯 황급히 카페를 나갔다.

서둘러 뒤쫓아 나갔지만, 리화는 이미 무채색 인파 속으로 사라진 뒤였다. 차가운 밤공기가 얼굴을 때렸다. 어디로 가야 할지, 무엇을 해야 할지 알 수 없었다. 그냥 걸었다.

한참을 걷다 보니 편의점이 눈에 들어왔다. 맥주를 사서 창가 자리에 앉았다. 그때, 누군가 조용히 다가왔다. J였다. “대표님. 일이 잘 안 풀리셨나 보네요.”

“J 씨가 여긴 또 어떻게….”

“편의점은 누구에게나 열려 있으니까요.”

“그게 답이에요?”

J가 옅은 미소를 지으며 대답했다. "네. 하나님도 비슷하세요. 누구에게나 열려 있고, 24시간이고, 문턱이 없죠. 다만, 대표님이 먼저 들어오셔야 하지요."

J가 내 손에 들린 맥주캔을 물끄러미 바라보며 말했다. "대표님, 그거 효과 있습니까?"

나는 씁쓸하게 웃었다. "아뇨. 그냥… 잠깐 마취되는 느낌이죠."

J가 고개를 끄덕였다. "그렇죠. 알코올은 일시적인 진통제는 되지만, 근본적인 치료제는 아니니까요."

내가 긴 한숨을 내쉬며 말했다. "오늘 리화한테 모든 걸 털어놨어요."

묵묵히 듣고 있던 J가, 날 똑바로 바라보며 확신을 주었다. "잘하셨습니다, 대표님."

하지만 내 목소리는 여전히 기운이 없었다. "그런데 사과한다고 해서 상처의 흉터까지 사라지는 건 아니더군요. 리화가 나를 용서할지, 우리 관계가 예전으로 돌아갈 수 있을지… 모든 게 불투명해졌어요."

J가 부드럽지만 단단한 음성으로 답했다. "용서는 시간이 필요한, '회복'의 과정입니다. 믿음의 행동이라고 해서 즉시 모든 문제가 해결되는 마법은 아니거든요." 그는 내 흔들리는 눈을 들여다보며 힘주어 말했다. "어쨌든… 가장 중요한 첫 번째 매듭을 푸신 걸 축하드립니다."

나는 한숨을 쉬었다. "첫 번째 매듭이라고요…? 대체 매듭이 몇 개나 더 남아 있을까요?"

J가 잠시 생각하더니 말했다. "대표님."

"네?"

"인생은 이어폰 줄이 아니라서, 한 번 풀면 대부분 같이 풀립니다."

난 눈을 반짝이며 그를 바라봤다.

그가 차분히 말을 이었다. "진실을 말하는 건 용기가 필요합니다. 하지만 더 큰 용기는, 그 결과를 받아들이는 거죠."

내가 조용히 읊조렸다. "그렇죠? 이젠 리화의 결정을 기다려야겠죠?"

J가 고개를 끄덕였다. "리화 씨가 그 방대한 양의 충격적인 데이터를 한꺼번에 전송받았으니, 지금쯤 시스템 과부하 상태일 겁니다. 그럴 땐 잠

시 로그아웃해 드리는 게 예의 아닐까요?" 그는 내 눈을 바라보며 나직이 권고했다. "리화 씨가 어떤 결정을 내리든, 그 마음을 존중하셔야 합니다."

나는 체념하듯 말했다. "우리 사이의 이 정적도 내가 감당해야겠죠…"

J가 내 어깨를 가볍게 다독이며 속삭였다. "대표님."

"네?"

"정적은 하나님이 말씀하시기 전에 자주 등장하는 배경음입니다." 그리고 J가 조용히 웃었다.

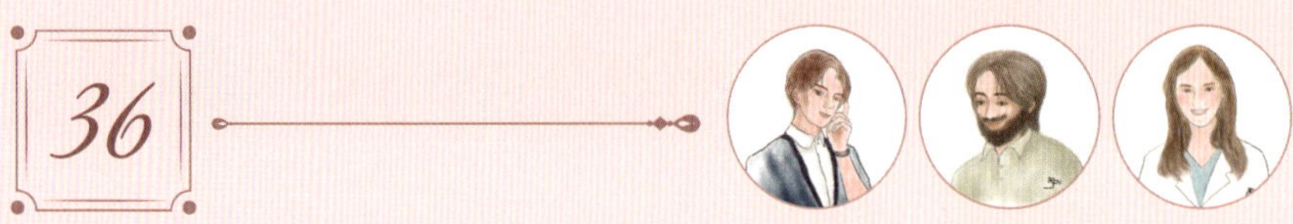

36

서툰 매듭 짓기

그날 이후, 리화는 내 전화를 받지 않았다. 문자를 보내도, 병원으로 찾아가도, 그녀는 나를 계속 외면했다.

또다시 그녀를 잃을지도 모른다는 공포가 밀려왔다. 물론 그녀가 화를 내는 건 당연하다. 나조차 나를 용서할 수 없는데 그녀인들 오죽할까. 창밖으로 낙엽이 힘없이 떨어졌다. 그 광경을 하염없이 바라보았다. 이 세상 그 무엇으로도 채울 수 없을 것 같은 커다란 상실감 속에서, 나의 가을은 그렇게 소리 없이 깊어 가고 있었다.

바람이 꽤 차가워진 늦가을 저녁, 한동안 연락조차 받지 않던 리화에게서 문자가 왔다. '우리… 잠깐 볼 수 있을까? 우리 둘 사이… 뭔가 정리가 필요하단 생각이 들어.'

'정리'라는 말이 비수처럼 꽂혔다. '설마… 이대로 끝내자는 얘기일까?'

불안한 마음에 약속 장소에 30분이나 일찍 도착했다. 무슨 말을 해야

할지 정리해보려 했지만, 말이 자꾸 흩어졌다. 변명은 싫었다. 그렇다고 침묵도 비겁해 보였다.

딸랑딸랑— 카페 문에 달린 작은 종이 울리며 리화가 들어왔다. 어색하게 건넨 나의 미소에 리화도 살짝 웃어 보였다. 그 조심스러운 미소 한 조각에 타 들어 가던 내 가슴이 조금은 진정되는 것 같았다.

차가 나왔다. 우리는 잠시 조용히 서로를 바라봤다.

먼저 입을 연 건 리화였다. "연락 피해서 미안해. 하지만 나로서도 쉽지 않은 시간이었어."

"이해해." 나는 깊이 고개를 끄덕였다.

리화는 시선을 떨군 채 말을 이었다. "솔직히 오빠가 너무 미웠어. 오빠 탓이 아니라는 걸 알면서도, 결국 이 모든 일의 발단이 오빠였다는 생각이 떠나질 않더라."

나는 아무 대꾸도 할 수 없었다.

그녀가 한숨을 삼키듯 덧붙였다. "범이가 자기는 왜 아빠가 없냐고 물을 때마다… 내가 뭘 잘못했나 싶었어. 누굴 원망해야 할지도 몰랐고."

그 말의 무게 앞에 나는 더 이상 파고들 용기가 나지 않았다. 침묵이 납덩이처럼 무거웠다.

이윽고 그녀가 천천히 시선을 들며 입을 열었다. "그러다 지난 주에 J 쌤을 만났어."

나는 순간 놀라 그녀를 처다봤다. "J 씨를?"

"오빠네 회사에서 인턴일 하는 J 쌤 있잖아. 예전부터 힘들 때마다 날 조용히 위로해 주셨었는데, 그날도 내게 다가와 안부를 물으셨어."

왠지 모르게 가슴이 두근거렸다. J라면… 이번에도 무언가 변화를 만들어 주었을지도 모른다는 희망이 들었다. 그리고, 리화가 들려준 이야기는 내 예상을 뛰어넘는 것이었다.

◆

"J 쌤… 저는… 그 사람을 도저히 용서 못하겠어요." 리화의 말은 단호했다. 그러나 그 눈빛엔 단호함보다 더 깊은 상처와 슬픔이 고여 있었다.

J가 그녀를 조용히 바라보다 나직이 물었다. "왜요?"

"범이가 겪은 모든 결핍이 결국 레오 오빠 때문이라는 생각이 머리에서 떠나질 않아요."

J가 부드러운 목소리로 물었다. "리화 쌤, 혹시 장미 키워 보신 적 있어요?"

리화가 영문을 모르겠다는 듯 미간을 찌푸렸다. "갑자기 장미는 왜…?"

"가시 때문에 장미를 포기할 수는 없잖아요. 그런데 어떤 사람들은 가시에만 집중하다 꽃을 못 보기도 하더라고요."

잠시 정적이 흐른 후, J가 리화의 마음을 어루만지듯 다시 말을 이었다. "리화 쌤, 혹시… 하나님도 그런 마음이 아니셨을까요?"

리화가 눈을 가늘게 떴다. "무슨 말씀이세요?"

"사람들도 하나님한테 꽤 많은 사고를 쳤잖아요. 실망시켜 드리고, 배신하고, 심지어는 못 본 척 무시하며 살았죠. 그런데도 하나님은 복수하시지 않았어요. 그냥… 당신이 아끼는 걸 내주셨죠. 사람들을 위해."

리화의 눈동자가 흔들렸다. J가 그 눈을 바라보며 힘주어 말했다. "용서는요, 기억을 지우는 마법 지우개가 아니에요. 다만, 그 기억에 끌려가지 않겠다는 '선택'이죠. 그리고 그 선택이 결국… 우리를 살게 해요."

리화는 고개를 떨군 채 젖은 목소리로 읊조렸다. "…그래도 너무 억울해요. 내가 왜 먼저 이해해야 하는지…"

J가 그녀의 슬픔에 깊이 공감하며 고개를 끄덕였다. "억울한 감정은 당연해요. 그걸 억지로 지우려고 할 필요도 없어요. 다만, 그 억울함을 품고 있는 리화 쌤 자신이 더 상처받고 있다는 게… 저는 안타까운 거예요."

리화가 조심스럽게 물었다. "J 쌤은 억울한 적 없으셨어요?"

J가 먼 곳을 바라보며 말했다. "있었죠."

"그럴 땐 어떻게 하셨어요?"

"그냥… 먼저 내줬어요."

리화는 아무 말도 하지 못했다.

리화가 날 바라보며 말했다. "물론 J 쌤 말씀을 듣고도, 바로 마음이 풀린 건 아니었어. 날마다 곱씹어 생각했지."

"…‥"

"그러다 어느 날 깨달았어. 오빠를 미워하는 게, 오빠를 용서하는 것보다 나를 더 아프게 한다는 걸."

나는 깜짝 놀라 그녀를 바라보았다.

그런 나를 바라보며, 리화가 결심한 듯 힘주어 말했다. "그래서, 나도 오빠를 용서하기로 했어."

"…정말이야?" 내 목소리가 떨렸다.

리화가 고개를 끄덕였다. "J 쌤이 그러시던데? 용서는 상대방한테 주는 선물이 아니라, 나 자신한테 주는 거라고…."

"그 말에 설득된 거야?"

"아마도…" 리화가 살짝 웃더니, 날 바라봤다. 하지만 그녀의 표정이 곧 다시 어두워졌다. "그러다… 나중에 또 다른 사실을 깨달았어."

"……?" 난 의아한 표정으로 그녀를 바라봤다.

"나도 처음엔 내가 오빠를 용서하지 못하는 거라고 생각했는데, 그보다는…" 그녀가 창밖을 바라보며 잠시 숨을 멈췄다.

"그보다는…?" 나는 그녀의 다음 말을 기다리며 바짝 마른 침을 삼켰다.

"그보다는… 나처럼 큰 결격사유를 가진 사람이, 오빠처럼 모든 걸 다 갖춘 사람과는 어울리지 않는다는 자격지심이었던 것 같아. 그 초라한 사실을 인정하기가 싫어서… 애써 다른 명분과 이유를 찾으며 도망치고 있었던 거지."

"……"

"…나는… 누군가에게 선택받을 수 있는 사람이 아니라고… 그렇게 믿고 있었던 것 같아."

"리화야, 무슨 말을 하는 거야? 선택받을 수 없는 사람이라니?" 난 당혹감에 휩싸여 되물었다.

리화는 고개를 들지 못한 채, 기어들어가는 소리로 겨우 말했다. "내 말… 무슨 뜻인지 잘 알잖아."

"혹시… 범이 때문에 그러는 거야?"

리화는 여전히 고개를 들지 못했다.

나는 서운함이 가득 담긴 어조로 따져 물었다. "설마… 너, 그동안 내가 범이한테 잘해 준 게, 진심이 아니었다고 생각하는 거야? 너 정말 몰라서 그래? 내가 범이를 얼마나 아끼는지?"

말이 끊겼다. 가슴이 너무 꽉 차서…. 잠시 후 간신히 입을 열었다. "그리고 내가 모든 걸 다 갖췄다니… 그건 또 무슨 말도 안 되는 소리야? 나는 오히려 내가 너한테 한참 모자란다는 생각에 괴로워하고 있었는데…. 너처럼 예쁘고 선한 사람이 어떻게 그런 말을 해?"

나의 간절한 항변에 리화가 용기를 얻은 듯 천천히 고개를 들었다. 그녀의 젖은 눈동자가 내 시선에 머물렀다.

난 천천히 덧붙였다. "너처럼… 사람을 따뜻하게 만드는 사람은 흔치 않아."

"…진심이야?" 리화가 천천히 고개를 들었다.

"당연하지. 네가 연락을 끊은 후, 내 삶이 어땠는지 알아? …나 진짜… 무너졌어. 네가 사라진 그 시간 동안… 나는 내가 어떤 사람인지도 모르겠더라. 정말이지… 거의 폐인 수준이었다니깐?"

내 눈을 응시하며, 그녀가 조심스럽게 물었다. "그럼 우리… 천천히 다시 시작해 볼래?"

나는 안도하며 옅은 미소를 지었다. "천천히… J 씨도 그 말 좋아하던데…"

리화가 고개를 갸웃했다. "J 쌤?"

"응. 처음 만났을 때부터 그 단어를 자꾸 썼었는데… 이제 보니 우리 둘 다한테 연습을 시킨 것 같네."

리화가 웃으며 말했다. "그럼 우리 둘 다 같은 과외 선생님한테 배운 거네.

나는 그녀의 손을 조심스럽게 감싸 쥐었다. "너랑 범이를 아프게 했던

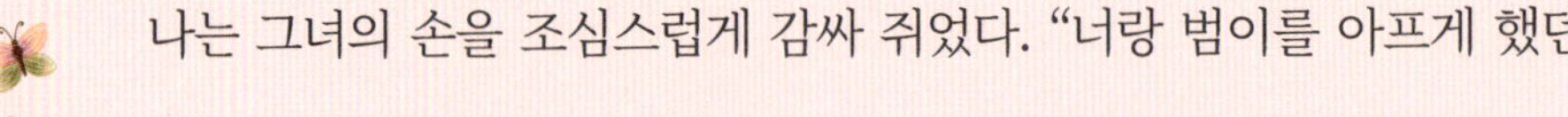

것… 평생 다 보상할게. 정말이야. 리화야…”

그러자 리화가 장난기 어린 미소를 지었다. “평생… 보상한다고…? 오빠, 방금 그 말 수위 되게 높은 거 알아? 설마, 지금 청혼하는 건 아니지?”

나는 쑥스럽게 웃었다. “아직은 아니야.”

리화가 안도하는 척 대꾸했다. “다행이다.”

“왜?”

“갑자기 청혼하면, 내가 준비한 ‘거절 대사’가 없잖아.” 리화가 장난스럽게 말했다. “나도 좀 도도하게 굴 시간이 필요하다고.”

그녀의 귀여운 표정을 바라보며, 내가 웃음을 터뜨렸다. “도도하게 구는 게 꼭 필요해?”

리화가 당연하다는 듯 응수했다. “그럼. 인생에서 몇 안 되는 공식행사인데.”

나는 웃음을 터뜨렸다. “그럼 다음엔 미리 리허설이라도 해야겠네.”

“좋지.” 리화가 사랑스럽게 웃었다. “다만 한 가지 조건이 있어.”

“뭔데?”

“다음 번엔 드라마처럼 무릎 꿇고 해야 해.”

내가 너털웃음을 지었다. 그리고 다시 한번 그녀의 손을 따뜻하게 감싸 안았다. “리화야, 기다릴게.”

“……”

“네가 정말로 날 받아들일 마음의 준비가 될 때까지…” 나는 천천히 덧붙였다. “얼마든지 기다릴 수 있어.”

리화는 한참 동안 내 손을 내려다보다가, 조용히 손가락을 엮으며 속삭였다. “오빠, 고마워. 진실을 말해줘서….”

그 말에 눈물이 핑 돌았다. “나야말로 고마워. 용서해줘서….”

우리 사이의 서툰 매듭이 지어지는 순간이었다. 완벽하지는 않았지만, 이번에는… 끊어지지 않을 것 같은 견고한 매듭이었다.

37

수상한 인턴

J와 오랜 시간 대화를 나누었지만, 이상하게도 그에 대해 아는 게 별로 없었다. 그는 마치 세상의 모든 정답을 주머니에 넣고 다니는 사람 같다가도, 막상 말을 섞으면 동네의 편한 형처럼 실없는 소리를 곧잘 해댔다. 평범해 보이면서도 특별했고, 지혜로우면서도 장난끼가 가득했다. 하지만 무엇보다… 그의 말엔 늘 가슴 깊은 곳을 건드리는 묵직함이 있었다.

최근엔 특히, 리화와의 엉킨 실타래를 푸는 데 결정적인 역할을 해 주었기에, 그를 향한 깊은 고마움과 함께 궁금증이 더해졌다. 그래서… 어느 날, 결국 물었다. "J 씨는 대체 누구죠?"

J는 기다렸다는 듯 특유의 여유로운 미소를 지었다. "드디어 물으시는 군요."

나는 미심쩍은 눈으로 그를 훑어봤다. "그게 그렇게 거창하게 뜸 들일 일입니까?"

J가 천천히 턱을 만지며 말했다. "지금까지 대표님이 저를 그저 '잘생긴 인턴' 정도로만 생각하시는 것 같아서요."

나는 눈을 가늘게 떴다. "그 자기평가는 어디서 나온 겁니까?"

J가 태연한 표정으로 말했다. "Chosen 7.0이 저를 선택했잖아요. AI의 눈은 정직하거든요."

"그건… 반박이 안 되네요." 내가 잠시 멈췄다. "어쨌건… J 씨는 어딘가 좀 수상한 인턴이긴 해요."

J의 표정이 갑자기 진지해졌다. "사실, 저는 대표님보다 직급이 훨씬 높습니다."

"뭐라고요? 내가 이 회사 창립자이자 CEO인데?"

J가 살짝 미소를 지으며 눈썹을 들어 올렸다. "대표님이 이 회사의 CEO라면, 저는… 우주의 CEO랄까요?"

나는 멍하니 그를 바라보다가 이내 헛웃음을 쳤다. "J 씨, 요즘 공상과학 영화를 너무 많이 본 거 아니에요? 우리 회사 주식은, 우주 상장 안 했습니다."

J는 웃으며 날 바라봤다. "저는 영화보다 원작을 선호합니다."

"원작이요?"

"네. 성경이요. 영화보다 훨씬 먼저 나왔고, 반전도 더 드라마틱하죠. 게다가 훨씬 더 감동적이거든요."

나는 피식 웃었다. "리뷰 평점은요?"

"독자마다 달라요. 근데 끝까지 읽은 사람들은 대부분 별 다섯 개를 주더라고요."

J의 시덥잖은 농담에 나는 실소를 터뜨렸다. "J 씨, 그럼 명함도 있어요?"

J가 잠깐 생각하더니 말했다. "있긴 한데요."

"직함이 뭐예요?"

"…'원작'을 읽어 보시면 아실 겁니다." 그러면서 끝내 명함은 꺼내지 않았다.

그 순간 J의 눈빛이 달라졌다. 장난기는 온데간데없이, 나를 꿰뚫어 보는 듯 맑고 깊은 눈빛. 그건… 인간의 것이라기엔 너무 고요해서, 순간 소름이 돋을 지경이었다.

38

완벽해서가 아니라

리화와의 관계가 회복된 뒤, 우리의 시간의 결이 달라졌다. 함께 있는 동안, 이전보다 말은 줄었는데, 이상하게 더 가깝게 느껴졌다.

그날 밤, 나는 리화를 호숫가로 데려갔다. 물 위에 별빛이 부서지고 있었다.

"여긴 왜 왔어?" 그녀가 물었다.

"네가 별 좋아하잖아." 리화는 고개를 갸웃했다. "그렇긴 한데… 오빠 오늘 뭔가 좀 이상하다?"

나는 살짝 웃었다. "이상한 게 맞아."

리화가 눈을 가늘게 떴다. "얼마나?"

"무릎 꿇을 정도."

리화가 놀란 듯 눈을 크게 뜨더니, 곧 긴장한 모습으로 나를 바라봤다. "…미리 경고해줘서 고마워."

난 호수를 한 번 바라본 뒤, 다시 그녀를 봤다. "모리화."

그녀가 눈을 맞췄다. 잠시 침묵이 흘렀다. "왜 사람을 불러 놓고 말이 없

어?”

“지금 순서 외우는 중이야.”

리화가 피식 웃었다. “준비해 온 거야?”

“응. 근데 네 얼굴 보니까 다 날아갔어.” 난 눈을 깜빡였다. “널 만난 후… 내가 조금 달라진 것 같아. 아니, 실은 많이….”

그녀의 표정이 부드러워졌다.

사뭇 비장한 표정으로 내가 말했다. “예전엔 내가 뭘 더 가져야 하는지만 생각했는데, 요즘은… 누군가를 지켜야겠다는 생각을 해… 너랑 범이.” 깊은 눈으로 그녀를 바라봤다.

리화의 눈이 잠시 흔들렸다.

나는 숨을 고르고 말을 이었다. “완벽하게 잘하겠다고는 못 해. 하지만 도망치진 않을 거야.” 그리고 천천히 무릎을 꿇었다.

리화가 숨을 삼켰다.

“리화야.” 반지를 꺼내 들었다. “나랑 같이 밥 먹고, 같이 싸우고, 그리고… 같이 기도하면서 늙어가자.”

밤이 조용해졌다. 리화는 잠시 아무 말없이 나를 내려다봤다. 그러더니 눈물을 닦으며 웃었다. “오빠.”

“응?”

“프로포즈 치고는 너무 현실적인데?”

내가 웃었다. “현실적인 게 더 오래 가더라구.”

리화가 다시 날 불렀다. “오빠.”

“응?”

“나… 겁나.” 리화가 긴장하며 말했다.

내가 고개를 끄덕였다. “나도.”

리화가 눈을 깜빡였다. “둘 다 겁내면서… 왜 하는 거지?”

“J 씨가 그러던데? 무섭지만 재미있는 게 모험이라고.”

리화가 웃었다. “그럼 나도 같이 겁내 볼래.” 작은 목소리였지만 충분했다.

나는 일어나 그녀의 손을 잡았다. 차가웠다. 조금 떨리고 있었다. “사랑해.”

리화가 말했다. “나도.”

그녀의 고백에 나는 일어나 그녀를 조심스럽게 끌어안았다.

리화가 내 어깨에 얼굴을 묻으며 작게 말했다. “오빠.”

“응?”

“반지… 사이즈 맞겠지?”

나는 웃음을 참으며 말했다. “J 씨한테 물어봤어.”

리화가 고개를 들었다. “J 쌤이 어떻게 알아?”

“글쎄…? 근데 뭐든 틀린 적이 없더라고.”

밤하늘의 별은 여전히 빛나고 있었다. 완벽해서가 아니라, 그 자리에 계속 있기에.

39

최적값

리화한테 청혼한 후, 범이는 나를 "아빠"라고 부르기 시작했다. 처음엔 수줍게, 나중엔 자연스럽게.

그렇게 해를 넘기고… 햇살이 따스하게 내리쬐는 어느 봄날, 우리는 결혼식을 올렸다. 화려하지는 않았지만, 그 어떤 결혼식보다 특별했다. 적어도 우리에게는….

하객들 속에서 범이가 신이 난 얼굴로 뛰어다니고 있었다.

"범아, 조용히 해야지!" 황 비서가 다급하게 손을 뻗었지만… 이미 늦었다.

"엄마~ 아빠~!" 턱시도 차림의 꼬마 범이는 두 팔을 활짝 벌린 채, 신랑 신부를 향해 돌진했다.

순간, 주례를 보시던 목사님이 미소를 지으셨다.

나는 웃으며 범이를 품에 안았다. "범아, 아빠 지금 중요한 순간이야."

범이는 볼을 부풀리며 말했다. "근데 아빠, 이제 엄마랑 키스하는 거야?"

하객들 사이에서 웃음이 터져 나왔다.

나는 속삭였다. "조금만 기다리면 알게 될 거야."

범이가 진지한 표정으로 말했다. "나 눈 감아야 해?"

리화의 얼굴이 붉어졌다. 목사님도 웃음을 참으셨다.

결혼서약 후, 목사님이 내게 마이크를 넘기셨다. 내가 리화를 처음 좋아하게 됐을 때, 적어 둔 시를 읽기로 했기 때문이다. 나는 숨을 한번 고르고 낭송하기 시작했다.

<최적값>

수많은 알고리즘 속에서

내 심장이 끝까지 계산해 찾아낸 단 하나의 값

그건 당신이었습니다

예상치 못한 변수처럼

내 삶의 수식을 다시 쓰게 만든 사람

내 삶의 모든 연산결과가 이제

당신이라는 답으로 수렴합니다

피로연이 시작되자, 하객 대표로 J가 마이크를 잡았다. "흠흠, 예전에 대표님이 제게 물으셨죠. 결혼식을 어디에서 하는 게 좋겠냐고요. 순간, 장소 섭외도 인턴 업무인가 싶었지만, 저는 이렇게 대답했습니다. '장소야 어디든 괜찮죠. 백화점 쇼윈도만 아니라면요.' 사실 정말 걱정했거든요. 두 분이 '쇼윈도부부'[54]가 되실까 봐요."

하객들이 킥킥거리며 웃었다.

J가 목소리를 다시 가다듬었다. "결혼은 남들에게 보여주는 게 아니라, 서로를 오래오래 바라보는 일입니다. 가능하면 휴대폰보다 더 오래요. 그

54　쇼윈도부부: 밖에서는 다정한 척하지만, 집에서는 대화도 없고 마음도 멀어진, 전시형 부부.

래서 오늘 식장 와이파이 비밀번호를 신랑신부에게는 알려드리지 않기로 했습니다." J는 다시 우리를 번갈아 보며 말했다. "평탄하면 좋겠죠. 하지만 바람 부는 날도, 파도 치는 날도 있을 겁니다. 그때, 서로가 선장이 되려고 싸우지만 않으시면 됩니다. 이미 선장은 따로 계시니까요."

하객 중 누군가가 물었다. "그럼, 신랑 신부는 뭐예요?"

J가 웃으며 말했다. "일등 항해사랑 기관장이죠. 역할 분담은, 나중에 두 분이 알아서 정하시고요."

리화가 나를 바라봤다. "나는 일등 항해사."

내가 웃으며 대꾸했다. "그럼 나는 기관장이네."

식사가 한창일 때, 포도주가 떨어졌다는 소식이 들려왔다. 스태프들이 당황했다.

그때, 갑자기 J가 큰 소리로 말했다. "걱정 마세요, 제가 해결할게요."

나는 의심스러운 표정으로 J를 쳐다봤다. "J 씨는, 자신이 예수님이라도 된 줄 아나 봐요? 설마 물을 포도주로 바꾸려는 건 아니죠?"[55]

J가 웃으며 어깨를 으쓱했다. "하하, 오늘은 아닙니다… 퀵으로 주문하려고요."

나는 잠시 멍하니 그를 바라보다가… 픽 웃고 말았다.

모든 순서가 끝났을 때, 범이가 내 손을 잡았다. "아빠."

"왜?"

"이제 우리 셋이야?"

나는 리화를 바라봤다. "아니." 그리고 범이의 손을 더 단단히 잡으며 말했다. "넷이야. 하나님까지…"

범이가 고개를 끄덕였다. 무슨 뜻인지 정확히 이해하진 못했겠지만… 그래도 이상하게 안심한 얼굴이었다.

---

55 성경 요한복음 2:1–11에 나오는 예수님의 첫 번째 기적, 예수님이 가나 혼인잔치에서 물을 포도주로 바꾸심.

40

이별, 그리고 새로운 동행

잔잔한 호수 위로 별빛이 부서지는 어느 날 저녁. 물결 따라 춤추는 빛줄기를 바라보며 혼자 산책을 했다. '이럴 때… J가 곁에 있으면 좋을 텐데….' 왠지 그가 새삼 보고 싶어졌다.

그런데… 어느새 저 멀리 익숙한 실루엣이 서 있는 게 아닌가?

나는 반가운 마음에 손을 흔들며 외쳤다. "J 씨! 여기서 다 보네요?"

J가 웃으며 말했다. "제가 사라진 적은 없었죠."

"그럼 왜 항상 내가 찾을 때만 나타나는 거예요?"

J가 내 눈에 비친 별빛을 응시하며 나직이 말했다. "빛은 언제나 쏟아지고 있었지만, 대표님이 눈을 감고 계셨던 게 아닐까요? 보려고 마음먹는 순간, 비로소 풍경이 눈에 들어오는 법이니까요." 그는 여전히 부드러운 표정이었다.

그런데— J가 뜻밖의 말을 꺼냈다. "대표님, 이제는… 제가 곁에 없어도 괜찮으시겠죠?"

순간 나도 모르게 발걸음을 멈췄다. 가슴 한구석이 서늘해졌다. "그, 그

게 무슨 말이에요? 아직 인턴 기간이 남았잖아요?”

J가 담담히 말했다. “이제는 현장 파견근무를 마치고, ‘원격지원 시스템’으로 전환할 때가 된 것 같아서요.”

나는 멍하니 그를 바라봤다. 갑자기 떠난다는 그의 말이… 도무지 믿기지가 않았다. 이유를 묻고 싶었고, 어떻게든 붙잡고 싶었다. 하지만, 내 입에서는 전혀 다른 질문이 나왔다. “J 씨는… 대체 누구죠?”

J는 부드러운 눈으로 나를 응시했다. 그 미소는 마치 세상의 모든 비밀을 품고 있는 듯 깊고 따뜻했다. “대표님께서는 이미 알고 계시지 않습니까?”

나는 숨을 삼키며 그를 똑바로 바라보았다. 그 순간, 눈 앞을 가리고 있던 안개가 걷히듯 그의 모습이 다르게 보이기 시작했다. 그의 흔들림 없는 눈빛, 자애로운 미소, 그리고 내 인생의 굽이마다 건네주었던 따스한 손길들…. 모든 것이 아주 오래전부터 내가 알고 있었고, 간절히 그리워했던 분의 것과 닮아 있었다.

“설마….” 나의 목소리가 가늘게 떨렸다.

J는 고요히 손을 들어 내 어깨를 부드럽게 감싸 쥐었다.

“레오.” 그가 처음으로 내 이름을 그렇게 불렀다. “나는 떠나는 게 아니란다.”

산들바람이 불어와 내 머리칼을 살짝 흩뜨려 놓았다.

“이제부터는 보이지 않는 방식으로, 너와 함께 걸을 거야.”

나는 무언가 더 묻고 싶었지만, 그의 말이 먼저 닿았다. “세상 끝날까지.”

그 문장은 익숙했다. 갑자기 눈시울이 뜨거워졌다. “J 씨.”

그가 고개를 들었다. 그의 따뜻한 눈길과 마주쳤다.

“아니…” 나는 곧 호칭을 고쳐 불렀다. “…주님.”

그는 아무 말도 하지 않았다. 하지만 그 침묵으로 충분했다. 호숫가에 다시 고요가 내려앉았다. 별은 여전히 빛나고 있었다.

그날 이후, 나는 더 이상 그를 찾으러 다니지 않는다.

대신, 하루를 시작할 때마다 은은히 말을 건넨다. "오늘도 같이 가시죠. 늘 그러셨듯…."

가끔은 대답이 들리는 것 같기도 하다. 말소리는 아니다.

그리고 이상하게도, 혼자인 적이 없다. 보이지는 않지만… 늘 누군가 한 발 앞서 길을 밝히고 계셨으니까.

택배상자

결혼한 지 1년이 지났다. 리화, 범이와 함께하는 나날은 행복으로 충만했다. 회사는 안정적으로 성장했고, 삶은 더없이 평온했다.

그러던 어느 주말 오후, 집에서 쉬고 있는데 초인종이 울렸다. 택배였다. 상자를 열어보니, 뜻밖에도 어린이용 야구 배트와 글러브가 들어 있었다.

'이런 걸 주문한 적이 없는데…?'

배송착오라 생각하며 다시 상자를 닫으려는 순간, 완충재 사이에 끼어 있던 하늘색 편지봉투가 눈에 들어왔다. 봉투 위에는 정갈한 글씨가 적혀 있었다. '레오에게, J로부터'

심장이 쿵 했다. 황급히 편지를 뜯었다.

사랑하는 레오,

이 야구 배트와 글러브, 네 아버지가 꼭 전해 달라 부탁하신 거였단다.

네 일곱 살 생일에 주시려 했던 선물인데, 끝내 건네지 못하셨지.

네 아버지가 숨을 거두는 순간, 내게 남긴 부탁이 있었어. 너를 꼭 찾아가 달라는.

그래서 내가 로보스토리 인턴으로 들어가게 된 거였단다.

레오, 너와 함께한 시간들이, 내 가슴에 아름다운 추억으로 남아 있구나.

하지만 기억하렴.

앞으로 우리가 함께할 시간에 비하면, 그건 아직 시작에 불과하다는 걸.

네가 잠들어 있을 때나, 아침에 눈을 뜰 때나,

고요한 길을 걸을 때나, 사람들 사이를 스쳐 지날 때나,

홀로 생각에 잠길 때나, 회의실에서 결정을 내려야 할 때나,

기쁨으로 웃을 때나, 눈물로 하루를 건널 때나,

… 그 모든 순간, 난 너와 함께할 거란다.

네가 잘해 낼 때에도, 서툰 실수로 자책할 때에도,

눈부신 성취를 이룰 때에도, 뼈아픈 실패를 겪을 때에도,

바위처럼 견고할 때에도, 갈대처럼 흔들릴 때에도,

나는 변함없이 네 편이란다.

네가 지칠 때, 너를 품는 안식이 되어 주고,

어둠 속을 헤맬 때, 네 길을 비추는 빛이 되어 주련다.

네가 외로운 조각배라면, 난 널 떠받치는 광활한 바다가 되고,

네가 한 그루 나무라면, 난 그 안을 흐르는 생명이 되어 주마.

네 심장이 멈춘 자리— 거기서 난

다시 시작되는 영원한 사랑으로 고동치련다.

레오, 너는 혼자가 아니란다.

아니, 처음부터 한 번도 그런 적이 없었지.

사랑한다, 레오. 영원히. ―J

행여 누가 볼까, 나는 소매 끝으로 재빨리 눈물을 훔쳤다.

창밖에서 아이들 웃음소리가 들려왔다. 배트와 글러브를 들고 밖으로 나갔다.

"범아, 캐치볼 할래?"

공기를 가르며 날아가는 공과 함께, 바람결을 타고 온 익숙한 웃음소리가 들리는 듯했다.

"대표님, 폼이 좀 엉성하네요. 나중에 1:1 코칭 해 드릴게요. 오늘은 일단… 범이랑 즐겁게 노세요."

인턴 J는 떠나지 않았다. 다만, 이름이 바뀌었을 뿐이다.

에필로그

잠자리에 누운 범이에게, 나는 그동안 겪었던 신비로운 이야기들을 들려주었다.

가만히 듣고 있던 범이가 커다란 눈을 깜빡이며 말했다. "그런데 아빠, 아빠가 돌봐 줬다던 그 노숙인 아저씨 말이야."

"응?"

"내 생각엔 아마도… 예수님 같아. 그래서 예수님이 아빠를 더 좋아하시는 것 같아."

아이의 입에서 나온 순수한 통찰에, 가슴 한구석이 뭉클해졌다. "실은… 아빠도 가끔 그런 생각이 들어."

범이는 잠시 생각에 잠기는 듯하더니, 다시 물었다. "그런데 아빠, 인턴 J… 진짜였어?"

나는 미소를 머금은 채, 아이의 머리를 천천히 쓰다듬었다. "그럼, 진짜고 말고. 지금도 우리 곁에 계시는 걸?"

범이는 신기하다는 듯, 평온한 미소를 지으며 잠 속으로 빠져들었다. 아이의 이마에 살포시 입을 맞춘 후 살며시 방을 나왔다. 거실 창밖으로 별들이 영롱하게 빛났다.

나는 밤하늘을 바라보며 작은 소리로 속삭였다. "그렇죠, 예수님?"